莊子快樂學

莊子與心靈成長的快樂相遇

王怡仁 著

Learning Happiness the Zhuangzi Way

The Path to Inner Happiness

芯樂

目次

03 養生主

04 人間世

07

明生死

前言：重新認識古老的心靈大師——莊子

當代是科技昌明的時代，也是人人充滿壓力的時代。科技可以解決很多生活上的問題，卻解決不了人們心理的壓力；科技能讓人們的生活便利，卻無法讓人們的心靈快樂。每個人都必須面對自己的壓力，包含工作壓力、金錢壓力、求職壓力、婚姻壓力、照顧年邁父母的壓力……等等，這使得現代人多多少少都有些焦慮與憂鬱。

然而，人心還是需要平安、自在與快樂的，因此這些年來，吹起了一陣心靈成長風，很多人在工作之餘，都會參加心靈成長課程或工作坊，也會閱讀心靈書籍，在我家附近的書店，心靈成長書籍排滿了門市一整個書櫃，可見讀者有多麼廣泛。

現代人壓力大，需要心靈成長，古代人的壓力難道就不大，就不需要心靈成長嗎？以戰國時代而言，當時的局勢是各國之間連年征戰。處在兵凶戰危的環境，人們的壓力必然也很大。那麼，戰國時代有沒有心靈老師來帶領大家創造平安、自在、喜樂的心靈呢？

當然是有的，莊子就是戰國時代的心靈老師。

我很喜歡《莊子》，從小熟讀《莊子》，《莊子》書中很多知名的故事，比如「北冥有魚，其名爲鯤」、「子非魚，焉知魚之樂」、「庖丁解牛」……等等，我都琅琅上口。

近二十年來，我成爲心靈老師，寫過二十多本心靈書籍，也做過無數的心靈講座、工作坊，平常也常閱讀心靈書籍，在我成長自己心靈的過程中，無數次重讀《莊子》，我發現莊子告訴大家的觀念，跟現代心靈成長的思維，其實有很大的雷同。

比如莊子說魚在陸地上，必須相濡以沫，而若是在水中，就能自由自在，這就是現代心靈成長課程說的，人若是內心匱乏，就會對別人有所期待，而若是內心豐足，就能自由自在。再比如莊子說列子御風而行，可見列子還是有所依賴，也就是依賴風，這就是現代心靈成長課程說的，人必須創造內心純然的快樂，而不是依賴外境來帶給自己快樂。又比如莊子說子輿長相怪異，但還是接納自己，不會否定自己，這就是現代心靈成長課程說的，人必須愛自己，接納自己、肯定自己。

當我越成長自己，心靈智慧越豐沛時，我再重讀《莊子》，會更了解《莊子》許多寓言故事中蘊藏的深意，也更明白莊子眞正要表達的觀念，有很多觀念跟現代心靈成長的說法，簡直就是一模一樣。

因此我決定用我的心靈成長觀念重新解讀莊子，讓現代人都能再一次認識莊子，重新發現古老的《莊子》蘊藏的智慧。

這本書的每一篇文章我都會引用一段《莊子》的內文，但我不是原文摘錄，因爲對現代人來說，《莊子》的原文偏艱澀難懂，或許會有閱讀障礙。我也不會將原文逐字翻譯，因爲逐字翻譯還是可能造成閱讀困難。我會採取「意譯」，也就是依莊子原文要表達的意思來翻譯，但不是一字一句翻譯。請大家放心，我的意譯絕對是莊子的原汁原味，沒有任何扭曲。

我是現代的心靈老師，因此這本書可說是我這位現代的心靈老師與古代心靈大師莊子的美麗相遇。我會用現代的心靈觀點重新詮釋《莊子》，讀過這本書，你既能更深入了解莊子，也可以擁有許多現代的心靈成長觀念，你將融合古今，擁有更豐富的智慧，以及更快樂的心靈。

有時我會想像，在當代這麼多心靈老師講述心靈課程的時代，如果莊子穿越兩千多年來到當代，他會是什麼風格的老師？

你也好奇嗎？那就請你打開這本書。來來來，莊子眞的來了，來聽莊子開講啦！

01

逍遙遊

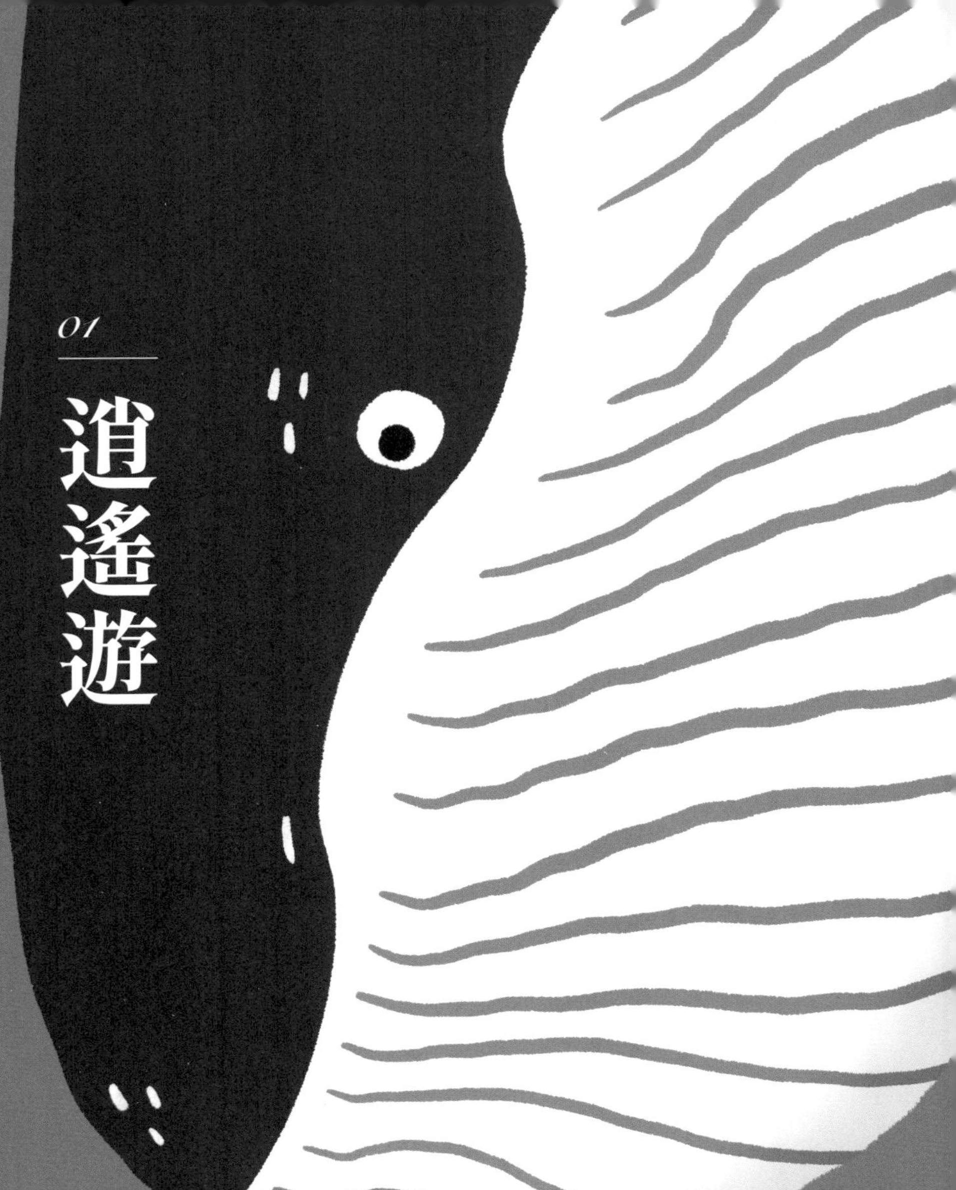

北海有條魚，名字叫做鯤

莊子說：

北海有條魚，名字叫做鯤。鯤的身形巨大，大到不知道幾千里。鯤變化成了鳥，名字叫做鵬，鵬的背也大到不知道幾千里。

鵬奮起飛翔，翅膀展開就像天邊的雲。當大海波濤洶湧時，牠會飛到南海，南海就是天池。

鵬之所以能飛到九萬里的高空，是因為巨風就在牠的翅膀下方，牠乘著巨風飛行，背負著青天，沒有什麼可以阻礙牠，牠乘風翱翔，直到南方。

《莊子》一書共三十三篇，分爲內篇七篇、外篇十五篇、雜篇十一篇，內篇是《莊子》的核心思想，內篇的第一篇名爲〈逍遙遊〉，〈逍遙遊〉

的開篇就是「北冥有魚，其名爲鯤」這則寓言故事，相信讀過《莊子》的朋友都對這個故事琅琅上口。

這個故事中的鯤與鵬是意指經過內在修爲的人，「修爲」這兩個字較爲嚴肅，我會以當代較普遍使用，也較淺白易懂的「心靈成長」來取代「修爲」一詞。莊子說，人在心靈成長之前，就像視野較短淺，飛也飛不高的蜩（蟬）或學鳩（斑鳩）。經過心靈成長之後，人的內心更恢弘，那就像是鯤與鵬。從內在來看，鯤不知有幾千里之大，鵬的翅膀也不知有幾千里之寬，這就是在說，經過心靈成長，人的內在無限的寬廣，彷彿包覆了宇宙，因此可以在天地間優游與翱翔。

心靈成長與未經心靈成長究竟有什麼差別呢？簡單說來，心靈成長能讓人擴展視野，不再頑固的執著於一種想法，也不會堅持我對你錯。心靈成長也能讓人覺知困擾自己的從來不是外境，而是自己的想法，尤其是根深蒂固的想法，比如受害者意識、我不夠好、貪婪、傲慢、嫉妒、懶惰、懷疑……等想法。

一旦人能打開視野，不執著於對錯之爭，並消融根深蒂固的負面思想，就能化解焦慮、恐懼、煩悶、憂鬱……等負面情緒，於是人的思維將更正面而樂觀，能量也更純粹而豐沛，這時他就是從蜩與學鳩成長爲鯤與鵬。他將展翅飛行，遨遊於天地之間，因爲他的思想是自由自在且積極樂觀的，故而無入而不自得。

一個不經心靈成長的人往往是焦慮的，不論他的外在忙不忙，他的頭腦都很忙，他會有很多想法，這些想法或者是負面思想，或者是互相衝突的想法，於是他就被困在思想中，不斷的內耗，這麼一來，他就可能憂慮且疲勞。

放下內心的糾結，擁有自在的心

說個故事，我有個朋友是中學老師，今年五十多歲，已經任教職三十多年，他常常感慨時代變遷，今非昔比，學生越來越難教，幾經思考之後，他決定向學校提出退休。

而當他準備退休時，各種想法紛紛從他腦袋中浮現出來：

「現在的學生真的越來越難教，上課睡覺、滑手機、做怪的一大堆，管也管不動，教了幾十年書，眞的教不下去了。」

「上次我有位同事因爲看不慣學生的行爲，出言罵了學生，想不到學生回家告訴家長，家長居然告到教育局，教育局還派人來查。唉！古人說：『師嚴然後道尊』，現代的學生誰還尊師重道？老師的尊嚴何在？在這樣的教育環境下，當老師還有什麼意思？我還是退休吧！」

「可是我已經當了幾十年老師，也習慣了上下班的教職生活。如果現在退休，我才五十多歲，退休後生活沒重心，不知道要做什麼，我該怎麼辦？」

「退休後雖然有退休俸，但跟在職相比，在職領的薪水還是比較多。我又沒病沒痛，這樣冒然退休，收入瞬間減少，不知道將來會不會後悔？」

「有人勸我退休後可以當志工，但我就是因爲工作倦怠了才退休，退休後再去當志工，那我不如繼續工作就好，我才不要當志工。但如果不當志工，退休後面對每天無所事事的漫漫長日，我到底要做什麼？」

「啊！我可以去學東西，增加自己的知識。現在有很多課程都可以學東西，可是，看來看去，實在沒有哪一種課程是我有興趣的。」

各種想法在他的頭腦紛至沓來，他陷入了思想的漩渦，於是從他開始計畫到提出退休，常常因焦慮而失眠，因爲他不知道退休的決定對不對，也不知道退休後要怎麼安排自己的生活，頭腦的衝突、思想的打架使得他非常煩憂。

這時的他就成了莊子說的蜩或學鳩，思想讓他煩憂，他被自己的思想枷鎖，心靈困在煩憂裡，人也就不自在了。

如果他想讓自己的心喜樂自在，成爲展翅高飛的大鵬，他需要的並不是從外在做什麼，而是要能消融心中的煩憂。

這世界上有很多人都有許多內心的糾結，也就因爲內心的糾結，使得自己快樂不起來，因此莊子要提醒大家，放下內心的糾結，讓自己擁有自在的心。

再說個故事：

某位女性的兒子今年滿十八歲，上週剛考取機車駕照。這位女性說起她的煩憂：

「兒子長大了，考取駕照，我眞的很爲他高興。他考取駕照那一天，我還請他吃了一頓大餐，慶祝他從此可以騎機車了。」

「然而，讓我痛苦的是，從他考取駕照後，常常騎車出門，只要他騎車出門，我就擔心他出車禍。我的頭腦常常浮現他出車禍受傷的畫面，這讓我好擔心。」

「或許我是杞人憂天，頭腦想太多，但我就是忍不住會往他出車禍想。我跟我先生說起我的煩惱，他告訴我，難道妳要叫妳兒子爲了不讓妳擔心而終生不騎車嗎？我先生還罵我就是吃飽沒事做才會胡思亂想，他叫我管好自己就好，不要老是擔心兒子。」

「在我擔心兒子時，我也很自責，因爲我聽說過莫菲定律，越擔心的事越可能發生，我覺得我的擔心就是在詛咒兒子，因此我也叫自己不要擔心，但越是叫自己不要擔心，我越會不由自主的擔心他出事。」

這位女性也是被自己的想法搞得痛苦不堪，她困在自己的思想中，心無法自在，她的思想成了她的牢籠，枷鎖住了她。

莊子要引導大家都能在這個世界「逍遙遊」，就是希望大家都能從被思想枷鎖的蜩或學鳩，經由心靈成長，成爲心靈恢弘，喜樂自在的鯤與鵬，展開雙翼，在這個世界鴻飛冥冥。

那麼，就讓我們都來學莊子，成長心靈，消融煩憂，成爲自在又快樂的人吧！

快樂心語

一旦人能打開視野，不執著於對錯之爭，並消融根深蒂固的負面思想，就能化解焦慮、恐懼、煩悶、憂鬱……等負面情緒，於是人的思維將更正面而樂觀，能量也更純粹而豐沛。

姑射山上的神人沒人能傷害她

莊子說：

肩吾對連叔說：「我聽接輿說話，簡直是鬼扯蛋，唬爛到極點，他的話如果能信，狗屎都能吃了。」

連叔問：「接輿說了什麼？」

肩吾說：「他說：『姑射山上有一位神人，肌膚比冰雪還白，顏值非常高，身材也很好。她不吃五穀雜糧，只喝露水，常常乘著白雲或駕馭飛龍在天上遨遊。她的精神寧靜，散發出祥和的能量，有她在的地方，穀物都能豐收，不會受病蟲之害。』這也太浮誇了吧！我不信！」

連叔聽了肩吾的話，對他說：「唉！瞎子看不到美麗的事物，聾子聽不到美妙的音樂，這就是在說你。姑射山上的神人沒有事物能傷害她，天降大雨淹不到她，酷暑之天也熱不到她，她就是這樣的神人。」

莊子很幽默，常常用外境來比喻內心，但不見得人人都能懂莊子的寓意。有些人會以爲莊子說的姑射山神人是修煉出了金剛不壞之體，因此水火刀劍都無法傷害她，但莊子的意思並不是如此，就像他以鯤與鵬來比喻人的心靈境界一樣，他說的姑射山神人也是一種心靈境界，而不是肉體狀態。

那麼，莊子說的姑射山神人是什麼心靈狀態呢？

那就是一個人心靈恆常處於平和、寧靜、喜悅的狀態，不會輕易被外境發生的事，或他人的言語所傷。

一個人的內心越不穩定，就越容易因他人的言語而生憤怒、焦慮或恐懼之情。

舉個例子，曾經有某個同事，當他要請我幫他做事時，常都會說：

「你現在是不是沒事幹？可以幫我一下嗎？」

只要聽他這麼說，我的內心往往就會有股無名火燒起來。我心想：「你沒看到我正在打資料，手都沒停下來嗎？還說我沒事幹，你眼睛是有問題嗎？」

當我這麼想時，我的心就是因他而點燃了憤怒之火。而我之所以會因他的話語而憤怒，是因為我的心性不穩定，因此才會呼應他的話語，一聽到他的話，我就生氣了。

所謂的心性不穩定，就比如當我比較忙、必較累、心情比較差、或睡眠不足時，受害者意識都會比較強烈，於是當我聽到他的話時，很容易被撩起受害者意識，感覺自己是被欺負的，因此就會憤怒。

而若是我的心性穩定，比如我某天心情特別好，當他用同一句話問我時，我或許會笑笑說：「怎麼了？需要幫什麼忙？」

或許他的用語確實不討喜，不過，真正造成我憤怒的並不是他的話語，而是我自己的心性狀態。

莊子說姑射山神人水火不侵，刀槍不入，意寓的就是神人的心性狀態或心靈層次，因爲她的心性穩定，因此不會輕易因爲別人的話語而憤怒、難過、焦慮、恐懼……。

觀照自己的心，穩定自己的心性

有句話說「脣槍舌劍」，就是說話語也能像刀劍一樣傷人，然而，因爲姑射山神人心性穩定，因此她的情緒不會輕易跟隨他人的話語而起舞。她可不是練就了心靈的金鐘罩、鐵布衫，而是任何話語即使想刺她，也像刺在空氣之中，她很難被撩出負面情緒。

我聽過很多人抱怨他們被言語所傷，比如一個孩子考完試後回到家，媽媽問他：「今天考得怎樣？」

孩子若是考試成績不如意，可能會瞬間又難過又憤怒，還可能說：「我媽媽都只關心成績，根本不愛我。」

而若是這孩子考試得第一名，聽聞媽媽的問話，他可能會很得意的說：「媽！我考第一名！YA！」

可見刺傷孩子的並不見得是媽媽的話語，而更是孩子的心性狀態。當孩子因考試成績不佳而心情沮喪時，他的心性狀態不穩定，媽媽的話語就很容易讓他受傷。

再比如某個年輕人抱怨，過年回家看到長輩們都很討厭，因爲長輩們常常會問：「今年年終獎金領多少？」

如果這位年輕人自認年終獎金領得不多，或甚至根本沒有年終獎金，原本心情就已經有點失落，長輩的問話會讓他感覺非常刺耳，於是他可能認爲長輩的話語中帶著嘲諷，因而對長輩的話語感覺憤怒。

然而，若是這位年輕人年終獎金領得很豐沛，甚至公司又發獎金又發股票。聽聞長輩的問話，他可能會得意洋洋的說：「今年我們公司的年終獎金發得很大方，我幫我爸我媽都準備了大紅包。」

可見刺傷年輕人的並不見得是長輩的問話，而更是年輕人的心性狀態，當他因年終獎金領得少而感覺失落時，他的心性狀態就不穩定，長輩的問話也就很容易造成他的憤怒。

姑射山神人的故事是莊子要引導大家都來培養穩定的心靈，不會輕易被別人的行爲或話語所傷，這麼一來，就能像姑射山神人一樣，在與人相處時優游自在。

我也希望自己能像姑射山神人一樣，培養出穩定的心靈，因此若跟家人同事朋友說話，當對方的話語讓我感覺不舒服時，我不會先跟他爭吵，而是會先問自己，是我用受害者意識解讀他的話語，才會對他的話如此生氣嗎？如果是的話，我不如先自我覺察，穩定自己的心靈，才不會因他的話語而受傷。

有個佛教故事說，寒山與拾得是兩位羅漢，某天，寒山受了他人的氣，非常憤怒，於是有了以下的對話。

寒山問拾得：「世間有人謗我、欺我、辱我、笑我、輕我、賤我、惡我、騙我、如何處治乎？」

拾得回：「只要忍他、讓他、由他、避他、耐他、敬他、不要理他，再待幾年，你且看他。」

拾得說的是先閃避對方的唇槍舌劍，但若我是拾得，我會回寒山：「只要回來觀照自己的心，覺察自己的受害者意識，穩定自己的心性，他的話就傷我不得了。」

觀照心靈與覺察想法讓我的人際關係更自在，跟人說話時，即使對方出言不遜，我也不會輕易被撩動情緒。因此，我會建議大家都來觀照自己的心靈，讓自己的心性更穩定，也祝福你我都能成爲自由自在的姑射山神人。

快樂心語

一個人的內心越不穩定，就越容易因他人的言語而生憤怒、焦慮或恐懼之情。只要回來觀照自己的心，覺察自己的受害者意識，穩定自己的心性，他的話就傷我不得了。

我不是魚，可是我知道魚很快樂

有一天，莊子跟惠子一起出遊，兩人站在橋上，看著河中的魚，莊子說：「魚兒在水中游，真的好快樂啊？」

聽了莊子的話，惠子「吐槽」莊子：「你又不是魚，怎麼知道魚快樂？」

莊子回惠子：「你又不是我，你怎麼知道我不知道魚快樂？」

惠子說：「的確，我不是你，我不知道你知不知道魚快樂，但你也不是魚，你怎麼知道魚快不快樂？」

莊子笑說：「你問我：『你怎麼知道魚快樂？』，可見你相信我知道魚是快樂的，所以你是明知故問，我就是知道魚是快樂的啊！」

那麼，莊子爲什麼知道魚是快樂的呢？

那是因爲透過快樂的眼光來看世界，就會發現世界是快樂的。莊子的心是快樂的，因此他看到的魚也都是快樂的。

人們往往都以爲，快樂與不快樂是決定在外境發生什麼事，比如中樂透是快樂的、獲得業績獎金是快樂的、出國旅遊是快樂的、孩子考試成績出類拔萃是快樂的……，反之，意外收到罰單是讓人憤怒的、工作無法達成績效是讓人焦慮的、孩子成績沒有起色是讓人煩憂的、天天工作是讓人苦悶的……。總而言之，好事發生，就讓人心情快樂，壞事發生，就讓人心情煩憂。

然而，世事眞有絕對的好事與壞事嗎？

舉個例子吧！某人某天看著股票行情，發現自己投資的股票大漲，當天賺了三萬多元，他樂不可支。對於他來說，這眞是天大的好事。

於是他跟朋友分享這個喜訊，得意的告訴朋友自己今天股票賺了三萬多元。想不到聽完他分享，朋友說：「眞的，今天股票眞的漲好多，我投資的那支股票也大漲，今天就賺了十幾萬元。」

聽到朋友賺得錢比他還多，他的心忽然感覺有點酸，原本的快樂之情瞬間消失，「股票賺了三萬多」這件原本的好事似乎也不再是那麼好的事了。

可見世事無絕對的好事與壞事，如果一個人把他的快樂與否決定在他經歷的外境，他將發現他很難快樂。

因此，我會建議大家，與其要經由外境來獲得快樂的心靈，不如培養快樂的心靈，再以快樂的眼光來看外境。當你的眼光快樂時，你會發現你看到的外境往往都是快樂的。

一個人的心快樂了，境也就快樂了

我年輕時曾參加一場聚會，那是我到某個新職場後，跟當時的主管與同事的第一場聚會，那次的聚會是在一家知名的高級餐廳，有著評價極高的菜色。

聚會前，有位資深前輩告訴我：「你是新人，要坐主管旁邊，讓主管更認識你。」

聽了前輩的話，在主管到來前，我就主動坐到了預留給主管位置旁邊的座位。

我坐好後，那位前輩又跟我說：「你當然不是坐主管旁邊就好，你是新人，要好好服務主管，讓主管留下好印象。每道菜上菜時，你要幫主管夾好菜。此外，你要看好主管的酒杯，只要酒杯空了，就要幫主管倒滿酒，讓主管杯中酒不空。」

聽著前輩的話，我點頭稱是。

宴席開始後，我謹記前輩的話，每道菜上菜時，都幫主管夾好，而若是看到主管酒杯空了，我就幫主管倒滿酒。

不過，我也無法一直緊盯主管的酒杯，有幾次主管的酒杯空了，我沒馬上倒滿酒，前輩就會馬上當眾說：「王怡仁，該倒酒了。」

那次的餐宴真是讓我吃得痛苦不堪，因爲我是帶著戰戰兢兢、緊張又委屈的心在進行餐宴，於是在餐宴過程中，即使人人杯觥交錯、開懷大笑，我就是笑不出來，而就算餐廳的菜色再好，因爲情緒緊張，我完全食不知味，甚至難以下嚥。

幾個月後，我跟幾位許久未見的老同學聚餐，因爲同學多年不見，我帶著期待又興奮的心情與會。

那次的聚會是在一家小餐廳，我們點了幾道家常菜。老同學們邊用餐邊聊起當年的趣事，很多昔時的美好回憶都從我的頭腦湧現出來，我覺得很快樂，快樂的心情也使得我吃每道餐點都覺得非常美味。

可見一個人的心靈才是決定他快樂與否的眞正原因，當心靈快樂時，看到的外境是快樂的、聽到的聲音是美妙的、吃到的餐點也是美味的。而當心情煩憂時，看到的外境是痛苦的、聽到的聲音是煩躁的、吃到的餐點也是無味的。

莊子很懂這個道理。也頗知此中妙趣，因此他總是以快樂的心靈看外境，快樂的心靈看到的魚是快樂的、看到的花草樹木是快樂的、吹拂到的風也是快樂的。

惠子是個理性思考的人，不明白快樂的心靈會創造快樂的外境，他總是以理性分析外境是不是眞的快樂。因此，惠子才會問莊子：「你怎麼知道魚是快樂的？」（他也可能會問：「你怎麼知道花草樹木是快樂的？」、「你怎麼知道風是快樂的？」）

我想莊子一定很想告訴惠子：「答案很簡單啊！因爲我是快樂的，所以看到的魚都是快樂的。」

那麼，你想不想學習像莊子這樣的快樂呢？

如果你想像莊子這麼快樂，就請你培養快樂的心，當你快樂時，你所見所聞的外境都會是快樂的。

很多佛教徒都相信，人如果生前好好修行，往生後就能前往極樂世界。極樂世界有美麗的房子、美麗的水池、美麗的禽鳥動物、天上還會傳來美妙的音樂。人們往往以爲，在這麼美麗的外境中，人一定是快樂的。

我可不這麼認爲，我不相信有任何外境能製造所有人的快樂，而更相信人的心要先快樂，所見所聞的外境才是快樂的。當一個人的心靈快樂時，他見到的鄉村小屋是美麗的、田野池塘是美麗的、禽鳥動物是美麗的、聽到的音樂也是美妙的，這才是眞正的極樂。我更相信眞正的極樂世界是人，而不是某個地方，當一個人的心快樂了，他的境也就快樂了，這才是眞正的極樂世界。

快樂的心靈能讓你見到快樂的外境，那麼，你也想看到快樂的魚嗎？那就請你也來成爲莊子，成爲快樂的人，擁有快樂的心吧！

快樂心語

與其要經由外境來獲得快樂的心靈，不如培養快樂的心靈，再以快樂的眼光來看外境。當你的眼光快樂時，你會發現你看到的外境往往都是快樂的。

列子御風而行

莊子說：

列子御風而行（駕馭著風前進），又輕快又喜樂，十五天後再御風而歸。

御風而行的列子雖然不必用雙腳走路，卻還是必須依賴風。

一個人如果能順隨天地的常情，順應自然的變化，精神上與大自然合一，回歸大道，那麼，他就不必再依賴什麼了。

修養很高的「至人」沒有自我，修養到神妙境界的「神人」不會依賴外境的財富事功，修養到聖賢境界的「聖人」不會依賴外境的頭銜名位。

不依賴外境的人事物，心就能自由自在。

我在臨床上看到的癌症個案幾乎都過得很苦悶，也是因為苦悶才生病，因此，在治療癌症個案時，我會鼓勵他們去做讓自己快樂的事。

不過，很多癌症個案都會反問我：「醫師，請問我要做什麼才會快樂呢？」

不是只有癌症個案需要快樂，每個人都必須創造快樂，生活才有樂趣。

那麼，到底要做什麼才會快樂？

有些人說旅遊最快樂，於是幫自己安排一次旅遊，比如到日本旅遊。然而，到日本旅遊總有回國的一天，那麼，回國之後還快樂嗎？

也有人說吃美食最快樂，因此常常到美食餐廳大啖美食。然而，美食總有吃完的一刻，那麼，吃完之後還快樂嗎？

還有人說朋友聚會最快樂，於是邀約朋友相聚，大家杯觥交錯，天南地北隨興聊，無比暢快。

然而，聚會總有曲終人散的一刻，那麼，聚會結束，各自回家後，還快樂嗎？

我有一位朋友立志考上公職，他說在他最後衝刺的三個月，手機關機，不跟任何人連絡，整天泡在補習班，全心讀書。在經歷痛苦不堪的三個月後，終於如願考上公職。在他看到榜單，確定考上公職的那一刻，快樂得都要飛起來了，雀躍不已。

然而，在他到公家機關報到，開始工作之後，面對繁忙的公職生涯，考上公職的快樂就完全消失了。

關於快樂，很多人的認知都是要得到什麼、擁有什麼、吃了什麼、做了什麼、或贏了誰，才會快樂，然而，一旦必須得到什麼、擁有什麼、吃了什麼、做了什麼、或贏了誰才會快樂，心裡就會依賴那個「什麼」，比如依賴旅遊、依賴美食、依賴聚會、依賴金榜題名，這就是莊子說的「有所依賴」。

莊子用列子御風而行來比喻，他說列子乘著風，依靠風力，前去了遠方（就想像列子像孫悟空一樣，乘著觔斗雲，天南地北，乘風而往）。

御風而行看似很快樂，然而，御風而行就得依賴風，一旦無風就寸步難行了。可知一個人的內心若是有所依賴，就難以完全的快樂。

莊子因此說修練境界至高的至人、神人、聖人都是無所依賴的，他們不依賴金錢、不依賴地位、也不依賴誰愛他，這樣的快樂才是純粹的快樂。

那麼，人要怎樣才能像至人、神人、聖人那樣，沒有依賴，還是很快樂，也就是純粹的快樂呢？

要想擁有「沒有依賴的快樂」，就必須培養快樂的慣性思維，也就是說，我不是因爲得到什麼、擁有什麼、吃了什麼、做了什麼、或贏了誰才快樂，而是因爲我的內心快樂，因此看什麼人事物都快樂。

這樣的思維必須從外境轉回內心，如果原本的思維習慣都是關注外境，期望外境來創造自己的快樂，就必須改爲這麼想：我要培養快樂的心，並且用快樂的心來看外境，從外境中發現快樂。

「無所依賴」的快樂

快樂的思想包含幽默、有趣、好奇、感恩、讚美、祝福、自我調侃……等等，這些都是大腦的解讀模式，一旦培養出這樣的慣性大腦解讀模式，人就無處不快樂了。

舉個例子，最近我高中時代的康樂股長想學辦高中同學會，爲了鼓勵當年的同學們報名參加同學會，他在高中同學群組貼了多張高中時代班上的活動相片，想激發同學們的懷舊之情，並增加大家的報名意願。

相片是大家都看過無數次的舊相片，但康樂貼到群組後，同學們又紛紛留言：

「天啊！光陰似箭、歲月如梭，原來我們已經從高三轉變到三高的年齡了！」

「啊！原來當年我們班有這麼多帥哥，當年沒有好好把握眞的可惜了。」

「有哪位同學要帶兒女、孫子一起來參加同學會嗎?兒女餐費打八折，孫子打五折。」

「別開玩笑了，你會想去參加你爸的同學會嗎?」

「咦!看相片才發現，我高中怎麼這麼瘦，我看等我減肥後再參加同學會吧!免得大家認不得我。」

「對耶!我也一看相片才發現，我高中時頭髮怎麼這麼多，我看等我的禿頭長出頭髮再參加同學會好了，免得大家不認得我。」

同學們你一言我一語，看得大家捧腹大笑。

相片原本是一張普通的相片，但當同學們加入幽默、有趣、好奇、感恩、讚美、祝福、自我調侃……等等元素後，相片就不再只是一張平淡無奇的相片，而是一張充滿快樂的相片;同學會原本也只是一個同學聚會的活動，但當同學們加入幽默、有趣、好奇、感恩、讚美、祝福、自我調侃……等等元素後，同學會就不再只是一個平淡無奇的活動，而是一個充滿快樂的活動。

創造快樂的思維，就是學習從生活中加入幽默、有趣、好奇、感恩、讚美、祝福、自我調侃……等等元素，這也就是在創造快樂的大腦迴路。有了快樂的大腦迴路，人就能無入而不自得，看到什麼情境都能往快樂想，於是也就自然而然的快樂了，這就是莊子說的「無所依賴」的快樂。

列子御風而行，乘風翱翔，快樂無比，但他的快樂還是得依賴風，沒有風他就寸步難行，也快樂不起來了。如果你希望比列子還快樂，那就來學習成爲「無所依賴」的快樂的人，也就是培養快樂的頭腦。有了快樂的頭腦，管他外境發生什麼事，你都可以自由自在、自得其樂。

快樂心語

要想擁有「沒有依賴的快樂」，就必須培養快樂的慣性思維，也就是說，我不是因為得到什麼、擁有什麼、吃了什麼、做了什麼、或贏了誰才快樂，而是因為我的內心快樂，因此看什麼人事物都快樂。

你爲什麼不用大葫蘆來當游泳圈呢？

惠子告訴莊子：「魏王送給我大葫蘆的種子，我把它種下，結出了一個五石大的大葫蘆。這個葫蘆雖大，卻沒什麼用。如果用它來盛水，它的外殼無法承擔水的重量，若把它剖成兩半，它又太大了，沒有適合的東西可以裝在裡面。我左思右想，這個大葫蘆真的一點用都沒有，於是就把它打破、丟掉了。」

莊子聽了，對惠子說：「你真的是不會物盡其用啊！從前宋國有人調製出塗抹在手上，就可以讓手泡在水中也不會脫皮龜裂的藥（這應該是富貴手的藥膏），因為有這樣的藥，他家世世代代都以幫人洗衣服為職業。後來有人聽說了這個藥，願意出百金買下藥方。這家人開家庭會議，說：『我們家世世代代幫別人洗衣服，也賺不了多少錢，現在有人願意出百金買這藥方，這簡直是暴利，我們當然要賣給他。』於是他們就賣出了藥方。

「後來買到藥方的人製藥進獻給吳王，當時正好越國出兵攻打吳國，那時是冬天，又是打水戰，吳國就靠這個藥保護士兵的雙手免於脫皮龜裂，最後大敗越國。因為這個人獻藥有功，吳王分封了一塊土地給他，他因此賺得了豐厚的利益。

「同樣是讓手碰水不會脫皮龜裂的藥，有人用它來獲得國王封賞，有人則只能用它來幫人洗衣服。一樣的東西，會不會善用，結果就是差那麼多。

「你擁有一個五石大的大葫蘆，卻嫌它沒有用。為什麼不把它綁在腰上，當成游泳圈，讓你漂浮及遨遊於江水湖水中呢？你只會往乘水或裝東西來想葫蘆的功能，完全不知變通，頭腦也太頑固了吧！」

莊子這段話真是發人省思。

說個故事：我在軍中服役時，擔任的是軍醫官兼衛生排排長，排長必須揹值星，值星的任務之一，就是帶領部隊跑步。

那時的我在花東服役，士官兵幾乎都是在地人，近半都是原住民，跑步的速度都很快（如果你看過電影「賽德克巴萊」，應該可以想像原住民的跑步速度），我自己的「運動神經」並不發達，每當我帶隊跑步時，常常都是整個部隊往前跑，只剩我跟幾位跑步速度較慢的士官兵落隊，身爲值星排長的我因此覺得很丟臉。

爲了能跟上部隊的跑步速度，每天下午的休息時間我幾乎都會自己去練跑步，同期醫官有與我交好的，看我爲了跑步而焦慮，有時也會來陪我練跑。但練習了幾個月，還是沒起色，我依然在部隊跑步時落隊。

那時的我常常感覺很沮喪，我一向有著好強不服輸的性格，在學校讀書時，爲了考出好成績，我可以徹夜不眠，熬夜苦讀，並拿下好成績，然而，關於跑步這件事，我眞的無能爲力，即使我努力練跑，進步還是有限。

那時我常想，每個人眞的是天賦不同，我是屬於用腦的人，我會讀書、會考試、會寫作，只要是用腦的工作，我幾乎都是佼佼者，但如果讓我這樣的人來跑步或做體能運動，我應該算是「超級劣等生」。

而若是軍中長官希望我也能培養出較快的跑步速度，我相信我在他們眼中，應該也是惠子看到的大葫蘆，眞的是朽木不可雕也。

擔任衛生排排長的我也必須對士官兵進行授課，士官兵授完課還得背誦及考試，然而，跑步速度很快的士官兵背起書來，可能連一段短短的文章都難以背誦，考試更可能考得一蹋糊塗。

有些士官兵是屬於用體力的人，如果讓他們跑步，或進行軍中的戰技訓練，他們的成績絕對是頂呱呱，但如果要叫他們從事用腦的工作，他們或許會是「超級劣等生」。

如果軍中長官注重士官兵的考試成績，某些士官兵在他們眼中，應該也是惠子看到的大葫蘆，會讓他們搖頭。

軍中有軍中的制度，我尊重軍中的制度，但那時我就常想，如果能讓每個人都依天賦發展，這不就是最快樂、最自在、最美好的嗎？讓擅長用腦的人做用腦的工作，擅長用體力的人做用體力的工作，各自都能展現天賦，各安其位，也就能各自發揮所長。

一個人若是被期待做非他天賦或擅長的事，即使他的能力再好，在非他天賦的領域，都可能是沒用的大葫蘆。你可以試著想像，如果蘇東坡被要求練出一身武藝並帶兵打仗，或關公被要求寫出一手傑出的詩詞歌賦，他們無法發揮天賦、無法做自己擅長的事，那麼，他們都將可能成爲大而無用，只能打破、丟掉的大葫蘆。

順隨自己的天賦來發展

讓每個人都順隨天賦來發展，我常將這個觀念運用在親子教育上。

很多家長教育孩子時，都不是順隨孩子的天賦，而是針對學校考試的科目來加強，比如孩子熱愛音樂、熱愛電腦、或熱愛球類運動，但學校成績不傑出，有些家長會說：「你學音樂（或玩電腦、打球）有什麼用？

音樂能當飯吃嗎？你要玩音樂可以，但請你先把學校的功課學好，不要不務正業、本末倒置。」

我有時會想，如果當年比爾蓋茲、祖克柏、賈伯斯……等人的父母都要求他們讀好學校安排的科目，不要碰電腦，這個世界應該會少了很多位驚人的傳奇，此外，還有很多出色的音樂人、作家、畫家、設計師……如果當年他們的父母都大力阻撓他們發展興趣，要求他們只能學好學校的課業，我們應該看不到或聽不到這麼多優秀的音樂、文章、圖畫、作品……。

當我把這個觀念告訴許多父母時，有些父母會說：「老師，你說的的確很有道理，然而，這個世界並沒有那麼多比爾蓋茲、JK羅琳、周杰倫……，我的孩子不好好讀書，我眞的很擔心，如果我眞的放任他去玩音樂（或玩電腦、打球），我怕他將來找不到工作，會餓死。我總是想，若想發展興趣，還是要先把書讀好，興趣就等讀書之餘，玩玩就好。人怎能爲了興趣而不認眞讀書呢？興趣能當飯吃嗎？」

當我聽到類似這樣的話時，心裡常會想，親愛的爸媽，大葫蘆並不見得適合拿來裝水或裝東西，因爲大葫蘆的天賦是當最好的游泳圈，只要你們願意好好發展它的天賦，或許它就是最棒的的大葫蘆。

我也以這個方式教育我家孩子，我的孩子從小學科成績就不是很優秀，對於國文數學等學科也沒太大的興趣，他的興趣是電腦。他常常拿起課本就愁眉苦臉，但一坐到電腦前面就精神抖擻，於是我決定讓他好好學電腦，除了玩遊戲，從他國中開始，我也會鼓勵他多玩電腦，多看電腦書籍，以及從網路影片學習電腦相關知識，這些都是他喜歡的事，也明顯比學校課業更投入。

國中畢業後，他選擇就讀高職資訊相關科系，大學也選擇了資訊科，天天跟他喜歡的電腦爲伍。他學習得非常快樂，也順利考取了各種相關證照。

現在我做直播時，只要我有電腦或設備的相關問題，我的孩子就是我最好的幫手，他是我的IT（電腦工程師），因爲他很專業，也很熱愛電腦，只要我詢問電腦或設備的相關問題，他都會熱情的幫我解決。

因爲有自己的經驗，我更相信每個人只要順隨自己的天賦來發展，都可以又快樂、又傑出，所以我會請大家都順隨天賦來發展，活出既快樂、又熱情、又有成就感的人生。

快樂心語

如果能讓每個人都依天賦發展，這不就是最快樂、最自在、最美好的嗎？讓擅長用腦的人做用腦的工作，擅長用體力的人做用體力的工作，各自都能展現天賦，各安其位，也就能各自發揮所長。

02

齊物論

傾聽風的聲音

南郭子綦說：「大自然呼出來的氣名叫『風』。風不發作則已，一發作就天地間千萬個孔竅同時怒號。你聽過風聲嗎？當強風吹過山林時，大樹間無數的孔竅傳來了風聲，不同的風聲彷彿是從嘴巴、鼻孔、耳朵、瓶子、盆子、深池、水坑……等等不同的來源發出的不同的聲音，有些風聲像水流沖激、有些像箭矢呼嘯，有些像叱罵、有些像喊叫、有些像呼吸、有些像嚎哭、有些像狗嗚……。」

「風吹過千萬個孔竅，不同的孔竅發出不同的聲音，不同的聲音出自孔竅不同的形狀。可見聲音是孔竅造成的，那麼，發出聲音的究竟是風？還是孔竅呢？」

當你的情緒因外境而感到憤怒、焦慮或難過時，我會請你想想莊子說的「風聲」，風聲是怎麼來的呢？是風造成的？還是風吹過的孔竅造成的？

風是外境，大腦的解讀則是孔竅，你無法決定風要不要吹起來，卻可以決定風吹過來時，你的孔竅要發出什麼聲音。

有一位朋友告訴我：「你知道我的主管多可惡嗎？前幾天我主管要我寫一份提案，我看時間緊迫，回家後連晚餐也顧不得吃，熬夜寫了整晚，終於寫出這份提案。

「隔天一早，我將提案交給主管，我自認寫得還不錯，想不到主管看了我的提案，一臉既不屑，又憤怒的表情。他把提案丟在桌上，大聲罵我：『你都來公司幾年了，爲什麼提案寫得這麼狗屁不通？你要不要自己讀讀看，你在寫些什麼東西？你是腦袋進水嗎？這麼爛的提案你也寫得出來，回去給我重寫！」

聽他這麼說，我頓時滿心憤怒，心想：「這份提案我寫了一整晚，明明是我心血的結晶，卻被你貶得一文不値，你行你來寫啊！否定別人很簡單，換作是你，你寫得出來嗎？當主管就了不起嗎？跩什麼跩？講話那麼傷人。」

這位朋友說得憤憤不平，爲了平息他的情緒，我知道我該把莊子請出來點醒他了。於他而言，主管的話就像風，他的大腦解讀則像孔竅。主管的話吹進他的大腦，就像風吹過了孔竅，經過他的大腦解讀，他的孔竅發出了憤怒的聲音。

我會請他看看，眞正造成他的憤怒的，並不是主管的話，而是他的大腦解讀之後，認爲主管惡意批評他、攻擊他、羞辱他，他既委屈，又憤怒，因而怒火中燒，這才是他憤怒的眞正原因。

當他的內心燃起憤怒之火時，如果不斷想著主管的可惡，他將怒上加怒、怒氣難平，這是因爲主管的話是風，他沒有辦法阻止風，也就是無法阻止主管說話，他也無法要求主管把曾經說過的話收回去。如果他一次又一次想著主管的話，就讓風一陣又一陣的吹進來。

而若是他想安頓自己的心，他眞正必須做的，就是去改變風吹過的孔竅，那就是他的大腦解讀。只有改變大腦的想法，他的憤怒才能平息。

當大腦的想法不同時，他的孔竅就不同，吹出來的風聲也就不同了。

比如主管罵他時，如果他心裡想的是：「雖然我熬夜寫了整晚，自以爲寫得很完美，但主管的高度不同，他的閱歷比我多，思考的層面比我廣，或許我眞的思慮不周、寫得不夠好，不如我跟主管討論看看，哪個部分需要改進？」

若是他這麼想，他的解讀就不同，於是風吹過他頭腦的孔竅，發出的就是比較祥和的聲音。

再比如主管罵他時，如果他心裡想的是：「我怎麼這麼倒楣，今天交提案，剛好主管心情不好，他該不會是昨晚跟老婆吵架吵整晚吧？如果眞是這樣，我就是掃到颱風尾。好吧！就算我今天運氣不佳，但能當主管的出氣筒，我也算做功德。」

若是他這麼想，他的解讀就不同，於是風吹過他頭腦的孔竅，發出的就是比較輕鬆的聲音。

又比如主管罵他之後，他滿心憤怒，此時若有個同事對他說：「你不必那麼生氣，這個主管我很懂，他只會罵他想栽培的人，不想栽培的人他連理都懶得理。據我所知，像你這樣被他大聲罵過的人，後來都被他提拔為主管了。」聽同事這麼說，他的內心霎時感覺有點歡喜。

若是他接受同事的說法，他的解讀就不同，於是風吹過他頭腦的孔竅，發出的就是比較快樂的聲音。

可見風會發出什麼聲音，從來就不是風決定，而是孔竅決定的。風是外境，孔竅就是心。我們無法決定外境要不要起風，也就是無法決定外境會發生什麼事，但我們可以決定自己的孔竅，也就是大腦的解讀。

當孔竅的主人

因為熟讀莊子，我在生活中總是會觀照我的孔竅，也就是我的大腦解讀。

每個人都難免會發生一些不如己意的事、聽到一些不如己意的話。當我發現我的心因外境而起波瀾時，我會先觀照我的思想。

我的門診風格一向都是比較輕鬆、比較快樂的，我希望我的病患都能帶著輕鬆自在的心情來看門診，不要一看到醫生就心情緊張、血壓飆升、甚至講話結巴。

很多病患都很喜歡我的門診風格，也會在輕鬆的看診中跟我說說笑笑。

但可不是每位病患都喜歡這樣的風格，比如曾有一位病患跟我討論他的膽固醇數值，我看著他的數值，笑著對他說：「你的膽固醇數值稍微偏高，但不是很高，還可以再觀察看看，不需急著吃藥。你可以試著生活放輕鬆，並配和調整飲食跟運動，我相信膽固醇數值會降低，三個月後我們再抽血檢查看看。」

想不到聽完我的話，那位病患臉色大變，指著我，劈頭就罵：「身爲醫師，你怎麼這麼不負責任呢？你說我膽固醇稍微偏高，還不用吃藥，那我如果因此而罹患心臟病該怎麼辦？而且你說話態度那麼輕鬆，病人會以爲自己沒事，也不見得會改變飲食跟運動。你得板起面孔，威脅病人，說沒改善飲食跟運動就會有生命之憂，病人才會認眞去改變。你連這個都不懂，是怎麼當醫師的？」

他說的話就像風，吹過了我大腦的孔竅。雖然被指責的當下我感覺有點委屈，但我決定當我孔竅的主人，我接受自己的委屈，也願意轉個念，相信他的說法也有道理，也適用於某些病患。

而當我照顧自己的孔竅時，我發現風吹過我的頭腦，吹出來的聲音較爲平和，於是我可以自然地對他說：「謝謝，下次我會留意，也請你記得調整生活、運動與飲食，相信一定會越來越好。」

快樂心語

風是外境，孔竅就是心。我們無法決定外境要不要起風，也就是無法決定外境會發生什麼事，但我們可以決定自己的孔竅，也就是大腦的解讀。

秋毫好大，泰山好小

莊子說：

在這個世界上，沒有比秋毫（野獸身上秋天剛長出來的細毛）更大的事物，也沒有比泰山更小的事物；沒有比剛出生就夭折的孩子更長壽的，也沒有比八百歲的彭祖更短命的。

天地跟我是一體的，萬物也跟我是合一的，既然是合一的，我需要說什麼嗎？只要我說了，就不再跟天地萬物一體了，因為我會成為描述者，天地萬物則成了被描述者，這麼一來，我跟天地萬物就是分開的，那就是「二」，不是「一」了。

莊子這段話很有趣，套用莊子的話，我也可以說，沒有比剛出生在嬰兒房的小女嬰更老的女人，也沒有比百歲老太婆更年輕的女人；沒有比乞丐更富有的人，也沒有比跨國企業CEO更貧窮的人。因爲年老、年輕、富有、貧窮都是我定義的，是我的分別心做出了比較與定義，才會有這樣的區別。

我本來是跟天地萬物一體的，然而，當我起了分別心，開始定義或評論人事物時，我就成爲站在旁觀者的角度解說天地萬物的人，也就跟天地萬物分離了。

那就像我徜徉在草原上，呼吸著草原的芳香，享受著淸晨的草原涼涼的風。當我的頭腦不起任何字眼，只是靜靜的品味草原時，我就是跟草原合一的。

而若是我的頭腦開始想「這片草原眞美啊！」、「這片草原雖然美，但我上次去過的某座山的草原更美。」、「草原上會不會有咬人的小蟲？我要小心點。」……我就不再跟草原合一，而是分離了，因爲我成了評論者，草原則是被評論者，我是主體，它是客體，兩者是有所距離的。

人的頭腦往往會對外境下定義與作評論，因此跟外境往往都不是合一，而是分離的。此外，人也常常會萌生比較心與分別心，比較心與分別心是大多數人的天性，人們總是會不知不覺地跟別人比較，比較之後，自認勝過別人，內心就可能生出優越感或傲慢感，並可能輕蔑他人。而若是自認輸給別人，就可能心生羨慕、嫉妒、恨，並可能攻擊他人或貶低自己。

就以「老」來說好了，什麼是「老」？「老」並不是客觀的，而是主觀的形容詞，比如我曾聽過二十多歲的年輕人提起：「我們公司四十歲以上那些『老人』……」，說到「老人」時，他語帶輕蔑，彷彿年輕就是一種優越。

而若是四、五十歲的人聽二十多歲的「年輕人」說他是「老人」，也可能想：「我有老嗎？」、「年輕又怎樣，我也年輕過啊！還不是一下子就老了」、「單是年輕有什麼用，我在他那年紀時，比他有出息多了。」……，這是因爲被說「老」，造成了他的不舒服。

什麼是「老」？「老」是人發明出來的一個形容詞，它沒有絕對的定義，沒有人能明確地說什麼狀態叫「老」，幾歲以上的人可以稱爲「老人」，然而，人們發明了「老」這個詞，卻又討厭被貼上「老」這個標籤，這豈不是成了心理上的自我折磨？

想來很多人在幫朋友買生日蛋糕時，對於怎麼準備蠟燭，應該都有點傷腦筋，如果如實插上壽星眞正年齡的蠟燭，擔心壽星感傷又「老」了一歲，而若是不如實插上壽星眞正年齡的蠟燭，彷彿又不像在幫壽星過今年的生日。有時躊躇再三，就幫壽星準備「18」或「25」的蠟燭，表示他永遠青春不老，或者乾脆插上「?」蠟燭，讓壽星自己決定要幾歲。

當代是一個普遍年齡歧視的年代，古人說「敬老尊賢」，當代人卻往往提到「老」就心生厭惡或排斥，彷彿「老」是錯的、壞的、令人鄙視的。年輕人稱呼年紀大的人「老人」、「老頭」、「老女人」，往往語氣中有著年輕人的驕傲感（好吧！什麼是「年輕人」也無法定義，對於九十歲的人來說，七十歲也是「很年輕」），而若是自己說自己「我老了」，通常也不會是欣賞自己成熟有智慧，而是感傷自己不再年輕，不如年輕人了。

相信很多女性都不喜歡被叫「阿姨」，而喜歡被叫「姐姐」。因爲「阿姨」是「老」的，「姐姐」則是「年輕」的，被叫「阿姨」，自己就成了「老人」，而「老」是讓人排斥的，因此心裡就是不舒服。

有位女性朋友告訴我，她四十多歲時，上菜市場買菜，挑的不是哪家攤商最便宜，而是攤商怎麼叫她，她說：「凡是叫我『阿姨』的，我轉頭就走，絕不跟他買，把我叫那麼老，實在太沒禮貌了。」、「我只跟叫我『姐姐』、『大姐』的攤商買，做生意嘛！就是要讓顧客心裡舒服啊！」可知「年齡歧視」不只是年輕人歧視老年人，自己也歧視年紀漸大、變老的自己，人們不只抗拒別人說自己老，也拒絕承認自己變老。

喜歡每個當下的自己

說個故事：某一天，我的門診來了一位高齡女性，她的頭髮全黑。

護理師問她：「阿姨！妳的頭髮有染嗎？」我看了她的出生年份，心裡大略算了一下，順口說：「她都八十歲了，沒有染應該不會這麼黑吧？」

想不到我的話才剛說完，這位女性馬上瞪了我一眼，說：「醫師，我才七十八歲，還不到八十歲。」

被她這麼說，我頓時尷尬不已，連連道歉。是的，我把她說老了，她應該很不舒服。

也就因為我知道人都不喜歡被叫「老」，因此打從我二十多歲開始行醫以來，面對我的病患，年紀明顯比我大的，不論大多少，那怕大我五十歲，男性我一律叫「哥」，女性一律叫「姐」（連「大姐」都可能隱喻「老」，因此不宜，「阿姨」就更不用說了，這詞會招很多人嫌。）

年齡增長是不會改變的定律，時間每分每秒在過，每過一分一秒，人的年齡就多了一分一秒，每過一年，人也就多了一歲。人們把年齡成長到某個狀態稱為「老人」，此外，年齡也可以是一種比較，任何兩個人都可以互相比較，誰比較老，誰比較年輕，年紀小的可以說年紀大的「老」，年紀大的也可自稱「老」。

人發明了「老」這個詞，卻又討厭被說「老」，自己說自己「老」往往也是感傷，那就讓我們都來學莊子，打破「老」這個名相吧！或許我也來學學莊子這麼說：「朋友最近剛生了孩子，我看到嬰兒房中有很多剛出生的老太婆」、「我媽住進了安養院，安養院中多的是小女孩」，不再被名相枷鎖，沒有喜歡「老」，也沒有不喜歡「老」，看穿「老」只是個名相，安住在每個當下的自己，喜歡每個當下的自己，不定義自己年輕，也不定義自己年老，過好每個當下，就是最喜樂的人生。

快樂心語

徜徉在草原上，呼吸著草原的芳香，享受著清晨的草原涼涼的風。當我的頭腦不起任何字眼，只是靜靜的品味草原時，我就是跟草原合一的。

美女就是醜女，醜女就是美女

莊子說：

醜女就是美女，美女就是醜女，從道的角度來看，美女跟醜女是一樣的。

失敗就是成功，成功就是失敗，事物既無成功也無失敗，成功跟失敗是一樣的。

有些人執著於一種想法，排斥對立的想法，卻不知道互相對立的想法其實都是一樣的。比如養猴子的人以橡實餵養猴子，他對猴子說：「早上給你們吃三顆，晚上吃四顆。」猴子聽了之後，暴氣的亂叫亂跳。他於是改口：「早上給你們吃四顆，晚上吃三顆。」猴子就開心得眉開眼笑。

然而，「朝三暮四」跟「朝四暮三」不是一樣的嗎？

事情決定在觀點，這就是莊子要提醒大家的，有時你可能會覺得，某件事造成了你的沮喪、焦慮、難過，然而，眞正讓你沮喪、焦慮、難過的並不見得是那件事，而是你對那件事的觀點。

對於同一件事可以有不同的看法，不同的看法往往是一體兩面或一體多面的。就像莊子說的，美女也是醜女，醜女也是美女。某個女人從顏値來看是美女，但若從身形來看，她走路有點駝背，看起來就沒那麼美，美不美就只是觀點的不同，但人還是同一個人。

既然如此，當你面對事情時，你要選擇讓你沮喪、焦慮、難過的觀點？還是快樂、自在、平安的觀點？

有位四十多歲的女性朋友告訴我：「半年前我發現我老公外遇，這半年來我們不斷的爭吵。他常常暗示我，希望我接受兩女一男的關係。我非常生氣，於是跟他談離婚。經過這半年的折騰，終於結束了這段婚姻。

「離婚讓我覺得非常沮喪，也非常丟臉。想想我從小到大，不論在學校或職場，我都算是優秀，想不到會在婚姻跌跤，我的婚姻居然如此失敗。」

聽完她的話，我問她：「妳是婚姻非常失敗？還是非常成功的結束了一段不愉快的婚姻？」

這就是離婚的一體兩面思維，當她結束婚姻時，可以認定自己將婚姻經營得非常失敗，也可以認爲自己很有魄力，發現先生出軌，婚姻不再是自己接受的狀態時，就毅然決然成功結束了這段婚姻。

成功與失敗是截然不同的兩種觀點，當她認爲自己失敗時，她就是沮喪、難過、憤怒的，而若是她認爲自己成功時，她就會是驕傲、快樂、自在的。

她無法決定先生要不要外遇，也不見得能決定要不要離婚，但她一定可以決定自己的想法，也就是自己決定要認爲自己是成功還是失敗。成功與失敗的想法將會伴隨正面與負面的情緒，可知要不要讓自己快樂，就決定在自己的想法。

現代人很鼓勵大家「正面思考」，想法的正面與負面是可以自行選擇的，而既然想法是自己可以選擇的，何必選擇讓自己痛苦的想法呢？

古人也推正面思考，因此自古以來，就有諸如「塞翁失馬，焉知非福」、「失之東隅，收之桑榆」、「因禍得福」……等語句傳世，這些話語都是要讓人朝正面的、樂觀的方向想，也是要用思想給自己帶來更大的力量。

就像莊子說的，失敗就是成功，成功就是失敗，成功跟失敗是一件事的一體兩面，發生的事是一樣的，就看自己怎麼解讀。

從樂觀的角度來看世事

曾經在我某次高中同學會時，有位曾任職科技業的女同學也來參加，她曾是公司主管，擁有豐沛的收入。她在同學會笑笑的對大家說：「高中時我自認長得不漂亮，相信男同學也覺得我不漂亮吧！那時有很多女同學都曾經收過情書，但我高中三年一封情書都沒收過，當時的我有點失落。「不過，現在的我很感謝當年的我，當年那個長得不漂亮的我。或許是因爲沒有人追我，我沒有什麼感情困擾，因此所有的時間都可以專心讀書，後來也如願考上國立大學電機系，畢業後到科技業上班，闖出了自己的一番天地。因爲收入豐沛，我四十多歲就退休了，如今靠著股利過著優渥的生活。」

《易經》有句話說：「福兮禍所倚，禍兮福所伏。」福跟禍是一件事的一體兩面，聽過這位女同學的話，你覺得她高中時沒有男生追求究竟是好事還是壞事？

有位女孩在她二十多歲時在網路賣書，無意間進入釣魚網站，被詐騙了十萬元。當她發現被騙時，馬上打反詐騙專線，但錢已經追不回來了。她非常難過，也非常自責，父母辛苦賺來，存在她戶頭的十萬元，幾秒鐘就不見了。

從此以後，她對各種詐騙的警覺性非常高，她常說：「被騙一次就夠傻了，難道還要被騙第二次？」

因爲有了被詐騙的經驗，她日後非常謹慎，也避免了被詐騙的危機。

那麼，年輕時被詐騙究竟是好事？還是壞事？

可知世事都決定在自己的想法，人的快樂與難過並不是由發生的事決定，而是由自己對事情的解讀來決定，因此，我們都要培養正面思考的習慣，從樂觀的角度來看世事。

那麼，請問你，當你買了東西，有了一張發票，你會想：「我沒有偏財運，發票從來不會中獎。」還是：「哇！有一張發票，又有中獎的機會了！這次大獎一定是我的。」

請你明白，不論發票中獎不中獎，當你相信你會中獎，心情喜樂時，你已經先賺到了喜樂。

此外，人的思想是有力量的，越是相信某個想法，想法越可能成眞。因此，你越相信自己是好運的，好運也越可能發生。

再請問你，當你拿著一份提案，準備呈送給主管時，你會想：「等等又要看主管的臭臉了，他看完我的提案，八成又會挑剔、刁難、找我麻煩。」還是：「我提案寫得這麼好，主管八成會讚美我。」

請你明白，不論主管會不會刁難你，當你相信主管會嘉許你時，你會感覺心安，那麼，不論後來主管反應如何，你都已經先賺到了心安。

而且當你相信主管會刁難你時，你的心裡會防衛他，言語與肢體動作也會出現防衛的話語與動作，因此更容易吸引他的對立感，他故而更可能刁難你。而若是你心安，你會露出笑容，主管也可能因爲看到你的笑容而自然的也對你友善，於是就可能如你所願，主管眞的讚美起你來了。

就像莊子說的，每件事都有多重觀點，觀點是自己選擇的，與其選擇不快樂的觀點，還不如選擇快樂的觀點。

那就讓我們都來選擇樂觀的觀點，一起來當樂觀主義者吧！

快樂心語

人的思想是有力量的，越是相信某個想法，想法越可能成真。因此，你越相信自己是好運的，好運也越可能發生。

魚看到美女立刻沉入水中

齧缺問王倪：「你知道大家都認為是對的事嗎？」王倪回：「我怎麼會知道什麼事是大家都認為是對的事？」

王倪接著說：「這世界上哪有什麼是絕對『對』的事呢？人睡在潮濕的地方，就容易腰痛及關節炎，泥鰍也會這樣嗎？人處在高高的樹上就會恐懼，猿猴也會這樣嗎？不同的生物有不同的居住原則，誰是絕對的『對』呢？人喜歡吃肉，麋鹿喜歡吃草，蜈蚣喜歡吃小蛇，貓頭鷹喜歡吃老鼠，不同的生物有不同的飲食原則，誰是絕對的『對』呢？毛嬙麗姬這兩位美女，在人類的世界，美到被稱為『女神』，人們的目光都會被她們吸引，但魚看見她們馬上潛入水中，鳥看見她們趕快飛走，麋鹿看見她們立即閃避，不同的生物有不同的審美原則，誰是絕對的『對』呢？可知在這個世界上，哪有什麼事是絕對『對』的事？」

對錯之爭是人際關係中常見的衝突原因，然而，莊子說得太好了，人們爭論你對我錯，但這世上又何嘗有什麼事是絕對的對或絕對的錯呢？

有位朋友說：「疫情緩解後，政府的口罩令鬆綁了，很多人出門都不戴口罩了，現在不只到公園很少看到有人戴口罩，連坐火車或高鐵，戴口罩的人比例也不高。但奇怪的是，我有位女同事至今還是堅持天天戴口罩、隨時戴口罩。

「現在我們公司幾乎都沒人戴口罩了，那位女同事依然每天戴口罩，我強烈懷疑她是不是容貌焦慮，認爲自己的嘴型太醜，害怕拿下口罩會被看到整張臉？我有時還會想，如果她眞的容貌焦慮這麼強烈，自卑感必然也很強烈，那她需不需要看一下心理醫師？」

我會告訴這位朋友，因爲你自己沒戴口罩，因此，你或許會認爲戴口罩是錯的，沒戴口罩才是對的，然而，每個人的認知都不同，或許那位同事認爲疫情雖然緩解，但還是戴上口罩比較安全，因此她還是習慣戴口罩。那麼，不戴口罩是對的嗎？還是戴口罩才是對的？你是對的嗎？還是她是對的？究竟是你對她錯，還是她對你錯？

又或者，不戴口罩也對，戴口罩也對，你是對的，她也是對的，你們只是想法不同？

這就是莊子要告訴大家的，不要總以自己爲對，認爲跟自己不一樣的就是錯，因爲世事無對錯，就只是立場不同而已。就像世人公認的美女，魚看到馬上沉入水中，鳥看到趕緊飛走，人說她美，魚跟鳥則把她視爲避之唯恐不及的妖怪。那麼，究竟人是對的？還是魚跟鳥才是對的呢？

有趣的是，因爲莊子這段比喻，後世之人還以「沉魚落雁」來形容絕世大美女，這跟莊子的原意似乎是兩碼事。「沉魚落雁」這個成語的字面意思，就是「你們知道她有多美嗎？她美到魚看到她就趕緊沉入水中，鳥看到她馬上飛到空中，魚跟鳥看到她都避之唯恐不及，這樣你們就知道她有多美、多國色天香了吧！」

這個成語好幽默，然而，你說說，用「沉魚落雁」來形容美女是對？還是不對？

人們常會陷入對錯之爭，比如我也聽過某些女性朋友這麼說：「我兒子自從上大學後，每天都半夜兩三點才睡，早上都睡到七晚八晚才起床，假日更是常常半夜三四點才睡，隔天睡到下午一兩點才起床。

「我常常看到兒子晚睡就會唸他：『是要幾點才睡？』，上午八九點看他還沒醒，我也會唸他：『該起床了吧！是要睡到幾點？』聽我唸他，他大多敷衍的回：『好啦』，但還是一樣晚睡晚起。

「唸久了，我也覺得自己很愛碎碎念，但我是爲了他好啊！早睡早起身體才會好，晚睡晚起若把身體搞壞了怎麼辦？

「而且他晚睡晚起，假日幾乎都無法進行家庭活動了，因爲他睡醒、梳洗好、再吃過午餐（早餐直接省略了），都已經下午了，我們還能有什麼活動？

「我實在很想改變他這種晚睡晚起的作息，但又無能爲力，不知道還有什麼方法能改變他？」

對於這位媽媽來說，早睡早起是對的，晚睡晚起是錯的。然而，晚睡晚起又眞的是錯的嗎？或許孩子在網路上跟朋友聊天、打電玩的時間都是晚上，半夜才是他最快樂的時光，他樂在晚睡晚起，又有什麼錯呢？

說來現在晚睡晚起的孩子還眞不少，當這些孩子慢慢長大，成爲社會的中堅主流，會不會到某一天，我會聽到某個「年輕人」說：「我們公司有位六十幾歲的阿姨，她說她都晚上十點多睡，早上五點多就起床了，她的作息怎麼這麼怪？那麼早睡又那麼早起？需不需要看醫生啊？」

看到每個人不同的觀點，擴展自己的視野

如果以自己爲本位來看別人，認爲自己是對的，自己的想法說法做法就是評斷是非對錯的標準，就可能認爲別人的所思所言所行是錯的，於是可能私底下非議、批評別人，或當面糾正、攻擊他人，也就是想把

整個世界改變成跟自己的想法說法做法一模一樣。

然而，就像莊子說的，泥鰍習慣住在水裡，對於泥鰍來說，住在水裡才是對的，那麼，你也認爲住在水裡是對的嗎？猿猴喜歡棲息在高高的樹上，對於猿猴來說，棲息在樹上才是對的，那麼，你也認爲棲息在樹上才是對的嗎？

世事無對錯，每個人的觀點都不同，如果不想因爲對錯而起爭執，就讓我們都來學習打開視野，看到每個人不同的觀點，欣賞每個人不同的想法。如果你能接受每個人的想法都不一樣，就不會感覺這世界常常有人跟你的想法衝突牴觸，而是會認爲不同的觀點開啓了你的視野，也打破了你過去的認知。

就跟莊子一樣，我也認爲大家都有不同的想法，每種想法都是「對」的，因此，在我的生活中，不論跟誰相處，或聽誰說了什麼話，我幾乎不會對對方說：「你這樣說（做）對嗎？」、「你怎麼可以這樣說（做）？」即使對再小的孩子，我都不會用這些話來否定對方的言行，也不會認爲我是對的，你是錯的，因此誰都可以輕鬆的與我相處、跟我說話。

這世界之所以美妙，就在於每個人的想法各自不同，我們可以聽到別人不同的想法，並藉此擴展自己的視野。因此，當別人的想法跟你不同時，我會建議你，別急著否定、衝撞別人的想法，也不必沒自信的說自己是錯的，而是要打從心裡告訴自己：「我是對的，你也沒錯」、「我是對的，你也是對的」。如果你能接受人人都有不同的想法，每種想法都是對的，你將發現這個世界非常繽紛多彩，也將活得更自在。

快樂心語

世事無對錯，每個人的觀點都不同，如果不想因為對錯而起爭執，就讓我們都來學習打開視野，看到每個人不同的觀點，欣賞每個人不同的想法。

魚看到美女立刻沉入水中

影子依賴人而動作

罔兩（影子的陰影）問影子：「剛才你走路，現在你停止；先前你坐著，現在你站著，我發現你似乎無法決定自己要做什麼？」

影子說：「因為我是某人的影子，我的走路、停止、坐著、站著都得依賴他，他怎麼做，我就只能跟著做。這就像蛇的遊動必須依賴鱗片，蟬的飛行必須依賴翅膀。我怎麼知道我依賴的那個人要做什麼？又不做什麼？我是他的影子，只能跟著他做。」

莊子藉著這個故事告訴我們，就像影子依賴著人，人跟人或人跟事往往是互相依賴的。

說個故事：張先生跟張太太目前都五十歲出頭，張先生的媽媽八十多歲，跟張先生夫妻住在一起。

張先生是公司主管，工作忙碌，張太太則是家庭主婦，平時除了打理家庭的雜事外，還需照顧張媽媽。

張媽媽的智力已經稍微退化，又因爲曾經中風過，行動也不是很方便，身體有時出狀況，還都得送急診。

張太太必須照顧張媽媽的生活起居，每天都得幫張媽媽料理三餐，以及幫張媽媽洗澡，還得定期陪張媽媽回診。張媽媽因智力跟體力都退化，生活一再出狀況，昨天手錶不會走，今天手機不能撥，一有狀況就大聲呼叫張太太，張太太常常煩不勝煩。此外，因爲張媽媽智力退化，常常找不到東西，昨天找不到存摺，今天找不到電視遙控器，張太太都得幫忙找，這也讓張太太感覺又無奈又煩躁。

每每在張先生下班後，張太太都板著一張臉，張先生才剛進門，張太太就抱怨：「你知道你媽今天又做了什麼嗎？」然後開始細數張媽媽一天製造的麻煩，她心情不好時，還可能挑張先生毛病、罵張先生一頓。

張先生明白自己的媽媽造成了太太很大的負擔，因此都會陪著笑臉說：「眞的還好有妳，不然我還眞不知道要拿我媽怎麼辦，謝謝妳。」而若是張太太無故責罵他，他也能同理老婆是在發洩積壓了一天的情緒。此外，爲了慰勞老婆辛苦，張先生假日常會帶張太太到餐廳吃美食，也常常多拿些錢給張太太，希望彌補老婆的心理壓力。

張太太認爲張媽媽是她的負擔，張媽媽也知道自己老在給張太太添麻煩，她常對張太太說：「老了眞的很沒用，給妳製造這麼多麻煩，可以的話，實在很想早點死一死。」聽到張媽媽這些話，張太太煩上加煩，幾次忍不住咆哮張媽媽：「媽！我是照顧妳照顧得還不夠好嗎？爲什麼妳還要這麼說？」但咆哮之後，張太太又很後悔。

兩年之後，張媽媽過世了。料理完張媽媽的後事後，張太太的生活瞬間減少了不少事，看似輕鬆了許多。但生活突然失去了重心，她又感覺有股說不出的空虛。

張媽媽走後，張先生似乎也有了改變，每每在下班時張太太向張先生抱怨今天有點煩或有點累時，張先生常都語氣不耐煩的說：「妳又怎麼了？現在不是都沒什麼事了嗎？妳又在煩什麼？」

張太太有時看著張媽媽的遺物，心裡會想：「以前她活著時，總覺得她怎麼這麼煩，有時還會詛咒她早點離開人間，但不知道爲什麼，她去世後，我還眞的很想念她。彷彿她的離世，也帶走了我的一些什麼。」

這個故事中的張太太與張媽媽的關係，就是莊子說的人跟人之間是互相依賴的。張太太照顧張媽媽，感覺煩悶又有壓力，她成了「受害者」，但因爲她是「受害者」，而且是張先生的媽媽造成了她的受害感，因此她可以合理的向張先生抱怨，甚至還可以藉故責罵張先生。此外，她同時也是照顧張媽媽不可或缺重要的人，張媽媽是她的生活重心，她也從照顧張媽媽得到了存在感與價值感。

張先生看到張太太對張媽媽的付出，心疼她的付出，他明白自己的媽媽造成了太太的負擔，使得太太成爲「受害者」，因而對太太有所歉意，故而對太太更好。

張媽媽的去世雖然減少了張太太的心理壓力，但同時她也無法再以

「受害者」自居，不能再以「受害者」的身分向先生抱怨她的委屈。此外，張媽媽的離世讓張太太失去了生活重心，也失去了照顧張媽媽不可或缺地位的存在感與價值感，這還影響了張先生對她的態度，她因此感覺到一股莫名的空虛，甚至還開始想念起了張媽媽。

人跟人之間的關係就是這麼奧妙，看似各自都是獨立個體的張先生、張太太與張媽媽，其實是一體的，只要其中一個人有變化，另一個人也會隨之變化，這就像莊子說的，影子是隨著人而動作的，罔兩（影子的陰影）又是隨著影子而動作的，可知人、影子與罔兩是一體的，這就像張太太成了張媽媽的影子，必須順隨張媽媽的改變而改變，張先生又成了張太太的罔兩，也順隨張太太的改變而改變。

「齊物」、「一體」、「合一」

這則影子的寓言故事出自《莊子》書中的〈齊物論〉這篇，「齊物」，用現代的話語來說，就是「一體」或「合一」。「齊物」的觀念就是說，在關係中（包含親子、伴侶、夫妻、朋友、或同事……等等各式各樣的關係）的Ａ與Ｂ兩個人（或更多人），看似是各自獨立的個體，但在關係中，兩人就是「齊物」、「一體」、「合一」的，Ａ改變了，Ｂ也會改變，同理，Ｂ改變了，Ａ也會改變，兩人彷彿在跳雙人舞，彼此的舞步是相配合的，誰的舞步變化都會牽動對方的舞步。

因此，如果關係出了問題，絕對不會是哪一個人單方面的問題，而若想改變關係，也不是改變關係中的某一個人就可以，因爲關係是一個整體，當關係出現狀況時，如果想要有所轉圜，關係中的每個人都得有所改變。

莊子的「齊物」概念也可運用在現代的心理與行爲治療。

舉個例子：林小姐的兒子今年國小三年級，林小姐說起兒子，面帶愁容地說：「我兒子眞的讓我傷透了腦筋，大約從半年多前開始，他就會從家裡偷錢，大多是趁我或我先生沒注意時，從我們的錢包偷錢。偷錢之後，他大多請同學到速食店吃喝，有時也會買遊戲點數送給同學。

「最讓我頭痛的是，他不只從家裡偷錢，有時還會偷同學的文具，有幾次被同學逮到，老師質問他，他就開始說謊，說那是他帶來的。爲了他的偷竊行爲，我有好幾次被老師叫到學校去商談。

「我兒子以前很乖的，不知道現在爲什麼會變這樣？我曾帶他去看精神科醫師，想知道他是不是有什麼心理問題？也曾帶他去過宮廟，看他是不是卡到什麼髒東西，不然行爲怎會如此脫序？但不論我怎麼做，他都沒有改善，還是會有偷竊行爲，我眞的非常苦惱。」

聽完林小姐的話，我問林小姐：「那妳自己呢？生活中有沒有什麼問題？」

她嘆了一口氣，說：「我自己的確也是一大堆問題，大約從一年多前開始，我發現我先生外遇，從此我跟他時而爭吵，時而冷戰。我要他跟小三分手，但他還是跟小三繼續來往。我想跟他談離婚，但他總說沒有離婚的必要。我整個家被先生搞得烏煙瘴氣、劍拔弩張……。」

看到這裡，各位讀者應該明白孩子爲什麼會突然出現脫序行爲了吧！林小姐這一家人也是「齊物」、「一體」、「合一」的，林小姐跟她先生、孩子是彼此的影子或罔兩，如果想要改變孩子，絕不是單從孩子一個人來改變就可以，而是必須整個家的所有成員都有所改變。

莊子的「齊物論」說出了關係中的道理，如果你也懂莊子的「齊物論」，或許對於人際關係的看法，就會有更深更廣的格局。

快樂心語

如果關係出了問題，絕對不會是哪一個人單方面的問題，而若想改變關係，也不是改變關係中的某一個人就可以，因為關係是一個整體。

不知道是莊周做夢變成蝴蝶？還是蝴蝶做夢變成莊周？

某天晚上，莊周（莊子）夢見自己變成了蝴蝶，蝴蝶翩翩飛舞了起來。在莊周變成蝴蝶時，完全忘了自己是莊周。不久之後，莊周醒了過來，這才驚覺自己是莊周。

不知道是莊周做夢變成蝴蝶？還是蝴蝶做夢變成莊周？莊周與蝴蝶必然是不同的，兩者卻又是合一的。

看到這段故事，我想說，咦！莊子老哥，你的思想很前衛呢！這段故事用當代的話語來說，就是「多元宇宙」。莊周跟蝴蝶分屬不同的宇宙，莊周與蝴蝶看似不同，但實質上莊周就是蝴蝶，蝴蝶就是莊周，兩者是一而二，二而一的。

再更清楚的說，莊周屬於「物質宇宙」，蝴蝶屬於「夢宇宙」，莊周睡眠時，意識進入夢宇宙，成爲蝴蝶，醒來後意識又回到物質宇宙，回復成莊周，這就是莊周與蝴蝶的連結。

人的意識都有多重面向，醒時的莊周意識切換成夢中的蝴蝶，就從物質宇宙進入了夢宇宙，進入夢境之後，他會認爲自己就是蝴蝶，完全不會想起自己是莊周。而當他醒來後回復成莊周，意識又從夢宇宙回到了物質宇宙。醒來後的莊周或許會記得他做過一個變身成蝴蝶的奇夢，卻可能認爲那只是一場夢境，毫不眞實。

而若從多元宇宙的觀點來看，物質世界是眞的，夢境也是眞的；莊周是眞的，蝴蝶也是眞的，兩者是互相連結的，連結起物質世界與夢境的紐帶就是思想與情緒。

有句成語「南柯一夢」，成語的典故是唐朝有位名叫淳于棼的人，某一天，他喝醉了酒，被朋友送回家，回家後他沉沉睡去。

睡著之後，他做了一個夢，夢中的他被大槐安國國王招爲駙馬，他娶了公主爲妻，並當了南柯郡太守，享盡了一生的榮華富貴。

後來公主過世，國王發現他總是悶悶不樂，要他回故鄉散散心。回到故鄉之後，護送他回鄉的隨從大聲呼叫他的名字，他瞬間從夢中驚醒過來。

醒來之後，他見到喝醉時送他回家的朋友正在洗腳。他因此感慨，原來在現實世界才過了一會兒時間，夢中卻已經經歷了一輩子，並領悟到富貴榮華如同過眼雲煙，虛妄不實。

若從多元宇宙的觀點來看，我會告訴大家，淳于棼的南柯大夢並不是過眼雲煙，也不是虛妄不實，他的夢境是眞實且有意義的，夢中的他眞眞切切經驗過了富貴榮華的一生，這可不是虛妄的浮雲。

爲什麼淳于棼會做這個夢呢？那是因爲他的人生不得志，頭腦中常渴望著有朝一日能青雲直上，飛黃騰達，過榮華富貴的生活。強烈的渴望在物質世界沒有實現，於是在進入夢境之後，他的意識切換成另一個自己，創造出完全不同的夢中世界，他搖身一變，成爲大槐安國駙馬及南柯太守。夢中的他眞眞實實經歷過榮任大官與駙馬，以及結婚、生子、喪偶的一生。

當他的意識再次切換回物質世界，成爲醒時的自己時，他或許會說，夢中的一切都是虛妄的，並感慨榮華富貴如浮雲，飛黃騰達的一生也不過是一場夢。然而，夢境跟物質世界是同樣眞實的，兩者都是眞實的體驗。

在物質世界不得志的他，進入夢境之後，成爲飛黃騰達的他。物質世界與夢境是兩個截然不同的他，兩個他經歷兩種完全不同的意識面向與人生道路。他穿梭於物質世界與夢境之間，體驗過兩種完全不同的人生，心靈因此就更飽滿了。

這就像物質世界的莊子，進入夢境之後成爲蝴蝶，或許就是因爲莊子強烈渴望自由自在，遨遊於天地之間，因而在進入夢境之後，變成蝴蝶，這麼一來，莊子就體驗過人與蝴蝶兩種不同的經驗，生命也就更豐富了。

就像俗話說的「日有所思，夜有所夢」，強烈的渴望會形成夢境，可知思想是連結物質世界與夢境的紐帶，而除了思想之外，情緒也能連結物質世界與夢境。

情緒是連結物質宇宙與夢宇宙的紐帶

很多朋友都曾跟我探討過夢境，比如有位朋友說：「我昨晚做了一個夢，夢見我在某個地方，突然下起了大雨。我這時忽然想起，我的包包放在剛剛離開的地方，於是我決定冒著大雨，走回去拿。但我越走越發現，我好像不是走在前往我要去的地方的路上，也就是我迷路了。於是我越走越心慌，也越找不到路。在緊張焦慮的心情中，我驚醒過來了。

「請問你，這個夢是在暗示我的方向感變差了嗎？」

我告訴她：「這個夢並不是在暗示妳的方向感變差，而是在表達妳最近有難做的抉擇，因此猶豫不決，就比如要離職或不要離職之類的難題。妳的內心非常徬徨，也非常焦慮，強烈的徬徨與焦慮使得妳在睡眠後投射出迷路的夢境，這就是妳做迷路夢的眞正原因，妳會藉由迷路夢來釋放徬徨焦慮的能量。」

聽了我的解夢，她點頭稱是，說：「你說的很準確，的確如此，最近我跟我先生正在討論要不要把孩子送到外國讀書，我們討論了很久，還是不知道是送他出國好？還是不送他出國好。原來是因爲我的內心徬徨焦慮，才會創造出這個迷路夢，而且還是在大雨中迷路，加深我的徬徨與焦慮。」

情緒是連結物質宇宙與夢宇宙的紐帶，這位朋友在物質世界因爲不知道要不要把孩子送出國，舉棋不定，就像找不到生命的方向，因而投射出迷路的夢。她的意識在物質世界與夢境穿梭，兩個世界的兩個她都在經歷同樣的課題，那就是徬徨焦慮。經由夢境，她可以釋放徬徨焦慮的能量，也可以更深入的認識自己的徬徨焦慮，並學會下決定，以化解徬徨焦慮。

還有一位朋友說：「我昨天做了一個很恐怖的夢，夢中的我在家，家裡突然爬進來好幾條蛇，而且是吐著蛇信的毒蛇。我嚇出一身冷汗，趕緊奪門而出。回頭一看，蛇居然跟在我後面，有一隻靠我很近，忽然跳上來咬了我的小腿，我瞬間就被嚇醒了。」

他要我爲他解夢，我說：「夢有時是醒時情緒的投射，因爲你白天累積了過多的恐懼情緒，因此進入夢境後，創造出恐怖情境的噩夢，以釋放你的恐懼。談到恐懼，每個人都有害怕的事物，有些人怕蛇、有些人怕狗、有些人怕蜘蛛、有些人怕地震，這就是人人各自不同的『恐懼象徵』。你的『恐懼象徵』之一是蛇，因此當你要經由夢境釋放恐懼能量時，會創造出有蛇的夢，讓自己在夢中看到蛇，以釋放恐懼能量。」

物質世界跟夢境是意識的兩種面向，兩個面向是緊密連結的，醒時累積的負面情緒有可能在夢境中釋放，同理，醒時強烈的正面情緒也可能在夢境中釋放。因此莊周夢見蝴蝶，也可能是莊周人逢喜事精神爽，帶著快樂的情緒入眠，因而創造出快樂的夢境。對於莊周來說，蝴蝶就是快樂的象徵，因此他夢見自己變成蝴蝶，翩翩飛舞在花間，這眞是無比歡喜的美夢啊！

快樂心語

夢有時是醒時情緒的投射，因為你白天累積了過多的恐懼情緒，因此進入夢境後，創造出恐怖情境的噩夢，以釋放你的恐懼。

03

養生主

不要以有限的人生追求無限的知識

莊子說：

人生是有限的，知識則是無限的，以有限的人生追求無限的知識，會讓人很疲憊。即使因此而成為什麼都知道的人，那也會累翻了。

看到莊子這段話，我忍不住笑了出來。莊子老哥，你這是寫給戰國時代的人看的嗎？還是穿越兩千多年，寫給當代的人看的？因爲你說的現象，當代人應該比戰國時代的人還嚴重百倍。

爲什麼呢？因爲當代網路發達、手機普遍，人人都可以輕易接收訊息。只要一個人想接收訊息，無量的訊息一定會進入他的世界。

愛聽訊息是大多數人的天性，我相信莊子身處的戰國時代也是如此，在那個年代，如果東村的張大叔說一句：「你們聽說過秦國國王的宮廷緋聞嗎？實在太不可思議了！」或「你們知道西村的陳大嬸家發生什麼事嗎？真是太離奇了！」相信男女老幼都會圍過來聽張大叔開講。

現代的訊息量比起戰國時代，應該可說是爆量。現代是訊息大爆炸的時代，除了每個人有各自不同的專業訊息之外，人們往往還會接收各式各樣的訊息，包括各大媒體政治、社會、影劇……等等新聞，以及LINE上不同的朋友傳來的訊息，大多數人的LINE還都會有許多群組，比如家庭群組、同事群組、國中、高中、大學同學群組、購物群組、社團群組、課程群組、遊戲群組……等等，每個群組每天都會有人貼各種訊息。

此外，各式各樣的社群平台也都有著大量的訊息，如果你加了很多朋友的FB、IG……等等社群平台，你會看到朋友們發出來的各式各樣的訊息與動態消息，如果真要細看朋友們發出來的訊息，只怕再多的時間都應接不暇。以台灣而言，根據統計，社群平台使用者每人每天平均都會花超過兩個小時看社群平台的訊息以及回應訊息，可知有非常多的人醒時時間幾乎都黏在社群平台上。

還有，現代很多人都喜歡看 YouTube 或抖音影片，各種網紅也會不斷上傳新片供大家觀賞，很多人看著影片，一片又一片，幾個小時就在看影片中消耗光了。

此外，當代還有很多人喜歡追劇，各種串流平台都有豐沛的片源可以供大家看戲，新的戲也會不斷上線。一部電視劇短則幾集，多則幾十集，有些人著迷起劇情，連睡眠時間都犧牲了，一路追劇追到夜深。

當代這麼多的訊息量，如果跟戰國時代相比，戰國時代的人應該會瞠目結舌吧！

莊子在戰國時代就提醒大家，生命是有限的，訊息是無限的，如果用有限的生命追求無限的訊息，那你將會耗盡生命，也會非常疲累。

這就像我常聽朋友說的，晚上睡覺前一直滑手機（滑手機的意思就是看手機訊息），到半夜一兩點還捨不得睡，有時會滑到睡著，手機框啷一聲掉在地上，隔天起床才發現手機還停在昨晚最後看的頁面。

然而，如果我問這些朋友：「那麼，你看了這麼長時間的訊息，有沒有什麼收獲或心得可以分享？」有多位朋友都尷尬的笑：「沒有啦！我都是隨便亂看的，哪有什麼心得？說眞的，我連昨晚看了什麼都不太記得了。」

如果莊子穿越到現代，聽到我這些朋友的說法，大概會說：「訊息是用來豐富你的生活的，你理當是訊息的主人，怎麼會反過來成爲訊息的奴隸，非強迫自己追訊息不可？」

那麼，人們爲什麼要追訊息呢？有些人是因爲對訊息有興趣，比如有政治狂熱的人常常追政治新聞；也有些人是對新知感覺好奇，比如有些人常在網路上搜尋美食或各種新產品；還有些人喜歡以訊息爲休閒，比如有些人喜歡看抖音的搞笑影片；另有些人愛看戲，因此常常追劇，只要自己喜歡的明星演了哪部劇，或哪部劇最近很火紅，就非追不可。

還有些人是習慣 follow 朋友的訊息，掌握朋友們都在做些什麼。如果有人對他說：「你知道〇〇〇最近是不是感情出了什麼問題？他在 FB

發的那篇文是什麼意思？」他可能會大吃一驚：「啊！我不知道，我最近都沒有 follow 到他。」於是就可能心生沒有 follow 到朋友最新訊息的訊息焦慮。

當代人用了這麼多時間在追訊息，但弔詭的是，大部分訊息其實追過之後就忘了，比如你如果喜歡追新聞，那我請問你，去年有哪些明星有緋聞，你都還記得嗎？去年有哪些政治人物做了什麼事，你又記得嗎？當初你花了那麼多時間追新聞，現在留下了什麼？

如果你喜歡追劇，或追 YouTube 或抖音影片，那也請問你，你追過那麼多劇，劇情你都還有印象嗎？你又還記得哪些 YouTube 或抖音影片？

至於朋友的 FB、IG……等等社群平台的訊息，因爲常常更新，有時一天沒 follow 到，新的訊息又蓋過去了，如果不是讓你印象特別深刻的貼文，你會記得嗎？

人們追這麼多訊息，既花時間，也耗心力，但追到的訊息往往轉眼即如夢幻泡影，那麼，我們要不要思考一下莊子的話，不要讓自己耗那麼多時間與心力在追無窮的訊息呢？

而若是愛追訊息，又不要追這些「追過即忘，沒啥營養」的訊息，能不能有所變通呢？

莊子說：「人生是有限的，知識則是無限的，以有限的人生追求無限的知識，會讓人很疲憊。」

把握有限的時間

自古以來，很多人都錯以爲，莊子這段話的意思是要大家少讀書，甚至不要讀書，才不會以有限的生命追求無限的知識，但同爲心靈成長道路上的修爲者，我懂莊子的意思，莊子自己就是知識豐富的人，因此能寫出精采的《莊子》一書，可知莊子絕無可能建議大家不求知。

莊子此處說的「知識」就是各式各樣的訊息，他希望大家不要耗時間與心力追求的，是那些八卦、流言、以及轉眼即忘的訊息，偏偏自古以來，很多人都在這些訊息上耗費大量的時間與心力。

我會建議大家，如果有時間的話，與其把時間都用來追訊息，還不如多讀點可以擴展視野、增長智慧的書。有人說，台灣人如果省下花在社群平台的時間，每年至少可以多讀兩百本書。我是不會要大家完全不上社群平台，畢竟那也是一種娛樂，但大家可以把用在社群平台或追劇的時間，拿來讀一些增進專業或成長心靈的書，若是想看 YouTube 或抖音影片，除了娛樂性影片之外，也可以看一些增進專業或成長心靈的主題性影片。

每個人每天的時間都是一樣的，虛擲有限的時間去追求無用的訊息，人生將是疲乏的；把握有限的時間來吸收成長的知識，人生則是豐沛的。就讓我們都來妥善運用時間，成爲內在最豐沛的人吧！

快樂心語

如果有時間的話，與其把時間都用來追訊息，還不如多讀點可以擴展視野、增長智慧的書。

庖丁解牛

庖丁為文惠君宰牛，姿勢優雅，宰一頭牛彷彿是跳一支舞或彈一首樂曲。

文惠君問庖丁：「你的技術怎會如此出神入化啊？」

庖丁說：「因為我對事物的道理有所體悟，把它運用到宰牛，因此技術有所進步。我起先宰牛時，眼睛看到的是一頭牛。三年之後，面對一頭牛，我眼裡就不再是一頭牛，而是與牛的心神相感應。於是當我下刀宰牛時，我的刀就順隨牛骨頭的間隙遊走，這麼一來，刀完全不須接觸牛的骨與肉，就把整頭牛宰完了。

「技術好的屠牛工每年都得換新刀，一般的屠牛工每個月都得換新刀，這是因為他們的刀都得砍斫牛的骨頭，因此很快就鈍掉，甚至折斷了。我跟他們不一樣，我目前這把刀已經使用了十九年，宰過數千頭牛，刀刃依然鋒利如新。這是因為我的刀都遊走在牛骨頭的縫隙，因此刀刃完全不會磨損，過了十九年，刀刃還是跟新刀一樣鋒利。」

文惠君聽了庖丁的話，說：「你說得太好了，我得到了很多養生的啟示。」

莊子很幽默，將庖丁解牛（宰牛）說得神乎奇技，而且煞有介事。但請大家明白，這個故事是放在〈養生主〉這一篇中，可知「庖丁解牛」並不是在介紹怎麼殺牛，而是在告訴大家如何養生。如果讀者以爲莊子眞的是在介紹宰牛的神技，應該會發現這等神技世間無人做得到，也會百思不解，莊子說的是眞的嗎？

莊子是以庖丁解牛來比喻養生，庖丁解牛的意思是如果從骨或肉來解牛，就是辛苦又費工夫的，而若是從骨頭的間隙來解牛，就能輕鬆不費力的解掉牛。骨頭的間隙意指大腦，骨與肉則是指言行。若想改變一個人，如果想法沒變，只是矯正言行，那將是辛苦而費力的，而若是想法改變，言行就會隨之改變，那就是輕鬆不費力的。

以養生而言，「庖丁解牛」的養生方法並不是從控制飲食或運動等外在層面著手，而是要從頭腦與心靈等內在層面下功夫。從頭腦與心靈改變思維慣性，就是莊子說的從骨頭的間隙來解牛，這才能眞正養成健康的生活習慣，也才是最究竟的養生方法。

我就以減重爲例，來說明這個道理吧！

減重是全民運動，相信很多讀者都有減重的經驗。有些人的減重方式是強迫自己減少食物的攝取，也就是在減重的期間，杜絕高澱粉、高糖、高油的「美食」，只能吃低卡、低脂、低糖的餐飲。某些在減重門診進行減重療程的朋友尤其必須謹守減重食譜，並記錄每餐進食的食物，每次回診都得驗收成果。如果告訴診所的醫護人員自己忍不住「偷吃」了麵包、肉包……等高脂高熱量食物，就可能招來一陣白眼。

我曾聽過多位朋友都用這種方式減重，這樣的減重方式必須克制對

「美食」的渴望，因此是需要毅力的。有幾位以這方式減重的朋友，在完成一個療程，或是體重達標之後，犒賞自己的方式就是大吃一頓，而後不再那麼節制飲食，體重也就慢慢回升了。

還有些人因爲難以抗拒食物的誘惑，意志力不足，因此會使用藥物來降低食慾、減少攝食，然而，當完成療程，順利減重，不再用藥後，或許又食慾大開，於是又復胖了。

這樣的方法就是莊子說的，解牛時拿刀砍牛骨與牛肉是很費力的，費力之事往往無法長久，因此，就像拿刀砍牛，刀會鈍掉一樣，單是靠克制食慾，或以藥物壓抑食慾，既非常辛苦，也難以持久，而且只要不再克制或壓抑，就可能破功，又開始吃高油高糖高熱量食物，於是就可能復胖，甚至變得更胖。

莊子說眞正的養生就跟解牛一樣，解牛要從牛骨的間隙入手，而不是硬砍牛骨與牛肉，這樣才能輕鬆的解牛。養生也是如此，單是節制飲食或強迫運動是辛苦的，如果能改變思想，養成健康的思維慣性，習慣爲自己選擇健康的飲食與運動，養生即生活，生活即養生，健康也就水到渠成了。

「身心靈減重法」的核心在改變想法

目前漸漸流行的「身心靈減重法」就是符合莊子思想的減重法，「身心靈減重法」不是要大家節制飲食或強迫運動，而是要改變大家的思想，思想改變後，就能爲自己做出最健康的選擇，以及培養最健康的生活習慣。

比如選擇食物，如果一個人對於食物的成分沒有概念，只在意食物好不好吃，那麼，當他想減肥時，會有人跟他說珍珠奶茶、蛋糕、蔥油餅、炸雞排……等等都是減肥者的大忌，那麼，他就只能壓抑自己不吃這些食物。

而若是他能認識食物的成分，明白精緻澱粉、油炸食品、高GI食物、高鹽食物……都會造成身體的負擔，當他看到食物時，不再以美味爲首要考量，而是以健康爲考量，他就會選擇無糖飲料，也會避免油炸食物及精緻澱粉，這麼一來，他將完全不必壓抑食慾，因爲他已經漸漸養成選擇低脂低糖低油食物的習慣了。

這就是從大腦或從心靈進行的減重法，改變頭腦或許一開始要下比較多的功夫，比如一個習慣喝全糖飲料的人，剛開始改喝無糖飲料時，會覺得非常難喝，但只要他的頭腦告訴他，糖就是身體的負擔，他因此看到含糖飲料就避而遠之，久而久之，他的飲食習慣就改變過來了。他將習慣無糖飲料，若是再喝到含糖飲料，會感覺非常噁心。這麼一來，他也就不必再克制自己喝含糖飲料了，因爲他根本不會喝含糖飲料。

「身心靈減重法」的核心就在改變想法，改變想法之後，人的飲食習慣就不同，於是就能養成低脂低糖低油的飲食習慣，這麼一來，就跟庖丁解牛一樣，減重既輕鬆不費力，也能持之以恆，因爲低脂低糖低油已經成爲飲食習慣了。

人的體重增加並不是只有食物的問題，除了食物之外，還有思維慣性，比如有些人只要心情焦慮，就不自覺的吃零食；也有人只要追劇或玩電玩，就習慣同時也吃零食，於是不知不覺地吸收了很多熱量。

此外，某些思維慣性也都會造成體重增加，比如有些人的家人或朋友吃零食或喝含糖飲料時，如果跟他分享，他可能會想：「拒絕別人的好意，是沒有禮貌的行爲。」於是也跟著一起吃零食或喝含糖飲料。還有某些家庭的男主人或女主人，當他吃完晚餐，準備清掉廚餘時，發現盤子裡還有些剩菜，他認爲倒掉很浪費（還有些人擔心浪費食物會被雷劈），於是就把剩菜吃下肚。此外，還有人認爲出門旅遊或出國旅遊，難得可以享受外地美食，就不用太節食了，於是大快朵頤，這些慣性思想都會造成人的體重增加。

而若是一個人可以改變以上所說的思維慣性，比如在家人朋友分享零食時自然的拒絕（有些人會說「我已經刷過牙了，不想再吃東西了」，委婉拒絕），或是在清理剩菜時，「阿莎力」（豪邁）的倒掉剩菜（有些人會告訴自己「與其增加我的體重，不如增加廚餘桶的重量」，合理的倒掉廚餘），或是在出國旅行時不會隨興吃美食（有些人會告訴自己「減重是沒有假期的，我可不希望回國胖一圈」，因此就不會大啖外國美食），不經意吃下的食物就會減少。思想是行爲的基礎，思想改變，行爲自然就改變，「身心靈減重」就是從改變思想，進而減輕體重，這是最踏實也最持久的減重方法。

莊子說的「庖丁解牛」即是從改變想法到改變言行，想法改變，就不必像一般的屠牛工，辛苦的約束或改變自己的行爲，而是能順隨內心，輕鬆地過生活，而即使生活輕鬆，依然能活出最快樂的自己。

快樂心語

單是節制飲食或強迫運動是辛苦的，如果能改變思想，養成健康的思維慣性，習慣為自己選擇健康的飲食與運動，養生即生活，生活即養生，健康也就水到渠成了。

雉鳥如果被養在籠中，雖然神情像君王，卻沒有自由

莊子說：

沼澤中的雉鳥自由自在，走十步啄一口食物，走百步喝一口水，牠可不希望被圈養在籠子中。

如果將雉鳥畜養在籠子中，牠有得吃有得喝，神情雖然像君王，卻失去了自由。

莊子非常熱愛自由，只要讓他感覺不自由的事，他幾乎都說「NO！」犧牲自由來換取某種外境，比如財富或伴侶，這是莊子絕對不會做的。於莊子而言，失去了自由，再好的外境都會讓他痛苦不堪。

從莊子的觀點來看，用犧牲自由來換取財富或伴侶，就像是「與魔

鬼做交易」，是得不償失的。

有位二十多歲的女孩曾交往過兩個男朋友，跟兩任男友的開銷都是AA制。兩次交往經驗都讓她感覺很不愉快，她覺得兩任男友都很小氣，也都會跟她斤斤計較。

跟第二任男友分手後，她非常渴望跟有錢人交往。

後來經由朋友介紹，她認識一位年薪兩百萬左右的年輕工程師，而後馬上跟對方陷入熱戀，也很快就上床了。她跟男友分住兩個城市，無法天天見面，假日有時男友去見她，有時她來見男友，男友對她說話都很溫柔，兩人的戀情可說非常甜蜜。

熱戀時的男友對她非常大方，只要兩人一起出門，她一毛錢都不必花，全都由男友買單，而且男友還會送她包包跟飾品。她常讚美男友，說能認識他眞的很幸運，因爲他不像前男友都要AA制。交往兩個月後，她還很得意的告訴閨蜜們：「有個有錢的男友眞是太好了，你們別再跟我說什麼男女朋友要AA制了，我已經忘記AA制是什麼東西了。」

但就在熱戀三個月後的某一天，男友對她說：「我工作很忙，假日還得搭車去找妳，實在很累。我不想再像之前那樣，千里迢迢去找妳了，妳假日就盡量排休來找我吧！我很需要性的滋潤，如果妳超過兩週沒來找我，我就會有分手的念頭。」聽男友這麼說，她只好盡可能跟同事喬假日班，好去陪伴男友。

交往一段時間後，男友告訴媽媽他跟女孩在談戀愛，媽媽問了女孩的職業，得知她是小公司的業務，收入不高，又問了兩人的交往狀況，男友據實以告。媽媽聽了，對他說：「兒子啊！憑你的學歷與身價，如果要交女友，至少要是學校老師才能與你匹配吧！你怎麼隨便找個不三不四的女孩交往呢？你以爲她眞心喜歡你嗎？你太單純了，她愛的只是你的錢。」

媽媽想起這女孩，越想越討厭，於是常跟親戚抱怨：「有些女孩眞的是非常沒有羞恥心，只要看到男人有錢就黏過來，而且死黏著不放。我看那個女孩一定是看上我兒子有錢，就馬上跟我兒子上床了，我兒子從沒戀愛經驗，因此才會被她纏住，無法脫身。我要拜託大家幫我兒子介紹好一點的對象，至少是門當戶對的，讓我兒子擺脫這個不要臉的拜金女。」

因爲媽媽的請託，叔叔阿姨都來勸男友早點跟女孩分手。

熱戀一段時間後，男友漸漸不像熱戀時那麼溫柔了，脾氣越來越暴躁，也越來越常對她爆粗口，她跟男友說話時常常都戰戰兢兢，唯恐男友生氣，招來一頓罵。男友的媽媽又常常叮嚀男友，錢別都被女孩拐走了，男友因此對女孩越來越有防衛心。他常對女孩說：「我看妳愛的不是我，而是我的錢吧？如果我不是收入比較高，應該也會跟你前男友一樣，被你嫌棄到像垃圾。」又說：「明明約會都是兩人一起出遊，爲什麼都是我付錢？以後我們要設公基金，我收入比較多，出三分之二，妳也得出三分之一，休想什麼都要凹我。」、「還有，我是不知道我會不會跟妳結婚啦！如果要跟妳結婚，房子我一定婚前先買好，房貸我也會自己繳。若是婚後再買房，房子就會成爲夫妻共有財產，妳這麼愛錢，我可不想離婚後還得分妳一半財產。」

男友的媽媽也一再表達她很討厭這個女孩，她說如果將來兒子跟女孩結婚，她絕對不會給女孩好臉色看，男友還把媽媽的留言轉達給女孩看。於是每當男友約女孩回去見他媽媽，她都藉故逃避，不想見到男友的媽媽。

女孩的朋友聽聞女孩的感情狀況，都勸她該分手了，再交往下去，即使結婚也不會有好結果，但女孩說：「我好不容易交往到有錢的男友，再怎樣也得賴著他。他媽媽如果難搞，我盡量迴避。若是他兇我，我盡量忍耐。不管他對我有什麼要求，我都會盡可能滿足他。我眞的無法離開他，因爲跟他交往後，我已經習慣了有錢的男友，我可無法退而求其次，再去跟經濟能力普通的男人交往了。」

這女孩就像莊子說的籠中雉鳥，雖然有了有錢的男友，卻失去了心的自由，也難以快樂了。

如果莊子遇見這女孩，可能會問她：「用快樂與自由來交換有錢的伴侶，妳覺得值得嗎？」

有首詩說：「生命誠可貴，愛情價更高，若爲自由故，兩者皆可拋。」

莊子如果讀到這首詩，應該會覺得深得我心。因爲對於莊子來說，自由與快樂比什麼都重要。

自由是一種心境，而不是外境

或許有些讀者會問：「雖然自由很好，但只要上班工作，不就失去自由了嗎？要擁有自由也太難了吧？」這我得說明一下，我說的自由是「心的自由」，而不是「時間的自由」，工作時或許時間不自由，但如果你的工作是來自你的選擇，或你在工作中得到了價値感或成就感，那麼，即使工作辛苦，你依然沒有失去心的自由與快樂。

自由是一種心境，而不是外境。用犧牲自由來交換財富或伴侶，使得自己委屈與痛苦，那才是眞正失去了心的自由。

不過，讓人失去心的自由的，並不見是環境或伴侶，也可能是自己的心困住了自己，使得自己失去了心的自由。

有位三十多歲的朋友參加公職高考，他已經落榜了五年，今年正準備參加第六年考試，年復一年的考試讓他壓力很大，多次的落榜經驗則使得他既無力又焦慮。

有些朋友勸他，爲何不找個私人公司的工作，不要再辛苦的考試了？但他總是說：「大學畢業後，爸媽常說公職是鐵飯碗，期望我考上公職，我希望能滿足爸媽的期待，因此很想成爲公務人員。此外，我都已經考了五年，投入了很多時間，如果沒考上，這幾年的辛苦不是都白費了嗎？而且若是最後還是沒考上，親戚朋友會怎麼看我？所以我非考上公職不可！」

或許這位執著於考取公職的朋友，心也失去了自由。當然啦！如果公職是他的夢想，那麼，再多年的考試都是值得的，但若只是執著於非考取公職不可，考得自己的心非常疲累，那只怕就是失去了心的自由，這是很辛苦的。

莊子熱愛自由，他不會用自由來交換任何事物，也不會讓任何事綁住自己的心，使得心不自由。如果你想學莊子，當隻自由自在的野中雉鳥，就請你打開心，讓你的心更彈性，不要執著於非擁有什麼外境不可，也不要犧牲自由來交換外境，這麼一來，你的心就能更自由。

快樂心語

讓人失去心的自由的，並不見是環境或伴侶，也可能是自己的心困住了自己，使得自己失去了心的自由。

04

人間世

螳臂無法擋車

顏闔將要出任衛靈公太子的老師，他問蘧伯玉：「衛靈公太子這個人天性兇殘，如果完全順從他，就會危害國家，如果據理頂撞他，就會危害到我自己。他的聰明可以看到別人的過錯，卻看不到自己的過錯。像他這樣的人，我要怎麼跟他相處呢？」

蘧伯玉說：「你問得太好了！跟這種人相處，你對他要小心謹慎，但更重要的是你要安住自己。你表面上可以順隨他，但內心不能委曲求全，而是要平和寧靜。即使如此，還是有隱憂。當你順隨他時，別任他予取予求，而當你保持內心的平和時，也別太彰顯你有自己的想法。如果你順隨他，任他予取予求，你一定會完蛋。而若是你太彰顯你有自己的想法，他一定會認為你是個混蛋。他如果像嬰兒一樣，你也就像嬰兒一樣；他如果做事無拘無束，你也就跟他一樣無拘無束。你首先要跟他融成一體，才能當他的老師，順利引導他。

「你知道螳螂吧！螳螂在車道上舉起臂膀想擋車，卻不知道螳臂是無法擋車的，這就是螳螂高估了自己的力量。如果你教導衛靈公太子的方式，是想用頂撞他來改變他，或指正他的錯誤來糾正他，你就危險了！

「你知道養老虎的人都怎麼養老虎嗎？他們不會用活的動物來餵養老虎，因為撲殺活的動物會激發老虎兇殘的本性。他們也不會用整隻完整的動物來餵養老虎（只能用剁好的肉塊），因為撕裂整隻完整的動物也會激發老虎兇殘的本性。老虎對於飼養他的人非常柔順，是因為養老虎的人已經摸清楚了老虎的本性，而老虎之所以會傷人，就是因為有人觸發了他兇殘的本性。你當衛靈公太子的老師，伴君如伴虎，一定要以此為戒啊！」

這篇故事出自《莊子》書中的〈人間世〉這篇，〈人間世〉可說是莊子的「職場教戰手冊」，莊子在〈人間世〉化身爲職場教練，教導大家怎麼跟慣老闆相處。莊子所說的職場守則，一直到二千多年後的今天依然適用。

對於現代人來說，工作應該是很多人生活的重心。若想營造美好的職場生活，首先是要培養自己的專業能力。

就以我的醫療環境來說好了，如果我的機構個案出了問題，A護理師告訴我的是：「王醫師，個案○○今天下午一直很混亂，你看該怎麼辦？」，B護理師告訴我的則是：「王醫師，個案○○今天下午一直很混亂，老是說他爸爸要來找他，但他爸爸明明二十年前就已經過世了。我看過他的用藥，應該沒有任何藥物會造成這樣的狀況。他目前的生命徵象，血壓數值爲○○，體溫爲○○，心跳爲○○，因爲他有糖尿病，我驗過他的指尖血糖，數據爲○○。我們是不是來緊急幫他抽個血，看他是不是因爲離子不平衡造成瞻妄？」

兩相比較，就知道專業程度的差異。

沒有人是天生的專業人士，專業必然是培養出來的，只要有心，也願意多學習、多訓練，專業能力就可以逐日增長。

職場專業當然很重要，我相信任何行業的主管都不希望自己的員工很「兩光」，也就是專業素養低、做事不積極，犯錯率又高，上班不愛工作，愛做薪水小偷。積極的學習與工作是對自己負責的態度，自古主管都愛才，如果想擁有美好的職場生涯，專業能力的培養是一定需要的。沒有專業能力，又不想精進，能混則混，得過且過，要想得到主管的器重，大概是緣木求魚。

而若是你已經有了專業素養，也仍在精進專業能力，那麼，你的職場生涯順利不順利、職場生活美好不美好，另一個重要的因素，就是人際關係。

做好「向上管理」，職場生涯更順遂

職場有各式各樣的人際關係，包含跟主管、同事、部屬等公司內部的關係，以及跟客戶、上游廠商、下游廠商等公司外部的關係。有些人把職場人際關係的經營概分爲「五維管理」，分別是跟主管相處的「向上管理」、跟同事相處的「平行管理」、跟部屬相處的「向下管理」、跟客戶及廠商相處的「對外管理」、以及管理好自己的「向內管理」。

莊子的這則寓言故事，就是在教導大家怎麼跟主管相處的「向上管理」。

很多人都會抱怨自己在職場上遇到「慣老闆」或「慣主管」（統稱「慣老闆」），也就是對員工或部屬常有不合理要求的老闆或主管），常見的慣老闆行爲就比如1.不想多請員工，一個員工當五個人用、2.要求員工做跟公事無關的雜事，比如幫老闆接小孩放學、3.要求員工加班卻不給加班費或補休、4.情緒管理差，會以言語霸凌、羞辱員工、5.不景氣時，要求員工共體時艱，自己卻吃香喝辣……等等。

如果慣老闆真的難以相處，我會建議你快快離職，不需要委屈自己在痛苦的職場中，重視快樂與自在的莊子應該也會給大家同樣的建議，難熬的職場就別勉強自己硬撐。

但如果決定跟慣老闆共事，就得培養能與慣老闆共事的心理素質。

在莊子的這則寓言中，顏闔將要出任衛靈公太子的老師，他已經知道這位未來的老闆是個慣老闆，他提到這位慣老闆的兩個特質，一是脾氣暴躁，會飆罵部屬，二是他會將過錯全都推給部屬，絕不承認自己有任何過錯。顏闔因此還沒上任就「剉咧等」（緊張焦慮的等待），他問蘧伯玉這位職場教練，要怎麼跟這種慣老闆共事。

蘧伯玉指點顏闔四個職場守則：

1. 不要討好你的主管，讓主管予取予求。主管的要求如果不合理，要學會婉拒，千萬別照單全收。

2. 當主管提出不合理的要求時，即使你內心暴怒，也不要跟主管硬槓，因為螳臂無法擋車。你硬要跟他衝撞，撕破臉後，你還想在公司有好日子過嗎？

3. 即使你認為自己的能力比主管好，在公開場合或私下跟主管相處時，你還是得尊重主管，以主管為尊，不要讓主管沒面子。如果你讓主管沒面子，主管可能就會給你苦日子。

4. 了解老闆的工作風格，比如他喜歡面對面，用電話、還是用LINE溝通？他喜歡哪種溝通方式，你就盡量以他喜歡的方式跟他溝通。再比如聽報告時，他喜歡聽大方向或小細節？如果他不耐煩聽小細節，你跟他溝通時，就盡量不要在小細節上窮蘑菇。體察上意，了解老闆的喜好，並投其所好，就是蘧伯玉說的：「他如果像嬰兒一樣，你也就像嬰兒一樣；他如果做事無拘無束，你也就跟他一樣無拘無束」。

莊子生活的戰國時代距今已兩千多年，兩千多年來，時間改變，人性並沒有太大的改變，古代有慣老闆，現代也有慣老闆，即使不是慣老闆，好的老闆也會有人性，因此莊子（寓言中的籧伯玉其實就是莊子自己）說的這四點職場原則請大家謹記並善用。如果能善用這四個原則，再配合專業素養的提升，相信大家都能在職場做好「向上管理」，職場生涯也能更順遂。

快樂心語

不要討好你的主管，讓主管予取予求。主管的要求如果不合理，要學會婉拒，千萬別照單全收。

顏回將要前往衛國，先來請教孔子

顏回前來見孔子，說他將要到衛國。孔子問他為什麼要到衛國，顏回說：「我聽說衛國國君很年輕，性格則是很霸道。身為霸道總裁的他，治國不用心，而且從不承認自己有錯。在他的治理下，民不聊生，餓殍遍野。我曾聽老師說：『安定太平的國家不必去，動亂危難的國家才要前往，這就像醫生專治有病的人一樣。』我願意以我的所思所學前往衛國，改變衛國國君，或許衛國就能因此得救。」

孔子聞言，說：「啊！你用這心態去衛國，我擔心你小命不保。古代有修養的人都是先修自己的心，而後才去影響別人。如果自己的心都還沒安定，怎能改變暴君的暴行？」

又說：「你為人忠厚誠信，但對於衛國國君的性格並不了解。你只是想以你認可的仁義道德去勸諫衛國國君不要對人那麼殘暴，這就好像你用你的光明高大去映照出衛國國君的黑暗卑微，這麼一來，衛國國君就成了受害者。你會讓他感覺不痛快，以他的個性又一定會報復，那他還不會想宰了你嗎？」

顏回聽說衛國國君是慣老闆，將國家治理得民不聊生。充滿正義感的顏回熱血沸騰，決定前往衛國，對衛國國君曉以大義，希望衛國國君幡然悔悟，好好治國，這麼一來，衛國就能出現政通人和的新氣象。

孔子聽了顏回的話，捏了把冷汗，他對顏回說一段很長的話，簡而言之，就是對他說：「你是想去送死嗎？」孔子的話還眞是一針見血！

顏回當然是出於好意，希望可以改變衛國國君，讓他成爲勤政愛民的明君，不過，顏回不懂人性，他不知道當他以他認爲的眞理企圖開導衛國國君時，衛國國君可能會認爲他在展現我高你低、我對你錯的優越感，這將造成衛國國君很不舒服的感覺，於是顏回將可能惹來殺身之禍。

以現代的語言來說，衛國國君就是慣老闆，相信現代很多人如果在職場遇到慣老闆（對員工或部屬常有不合理要求的老闆或主管），也會希望慣老闆可以更為員工著想，但莊子提醒大家，千萬別學顏回這樣，直接去對慣老闆說：「你不可以這麼自私」、「你用這種態度對待員工是不對的」、「你的員工私底下都在罵你，你不知道嗎？」、「你要學會善待員工，懂不懂？」這種做法可能會造成反效果，慣老闆不只不會因你的勸告而改變，你還可能激怒他，讓他勃然大怒。

那麼，如果你的老闆是慣老闆，你又決定在公司繼續工作，有更好的方法可以讓你跟你的老闆相處嗎？

就讓我們來談談《莊子》這則寓言給我們的啓示，這則寓言故事出自〈人間世〉這篇，〈人間世〉就是莊子的「職場教戰手冊」。在這則故事中，莊子告訴大家，如果你想做好「向上管理」，也就是經營好你跟主管的關係，絕不可直接挑戰你的主管，叫他改變成你想要他成為的樣子，而是可以依循以下原則：

1. 肯定主管：跟主管說話時，即使你能力再強，資歷再深，都不要擺出「我對你錯」的態度，以指導者的身分跟主管說話。
2. 不卑不亢：雖然你跟主管在職位上有上下之別，但你必須培養出對主管不卑不亢的心，才不會在跟主管相處時，或者委曲求全配合主管，或者怒氣騰騰衝撞主管。

先說「肯定主管」這個原則，不論你認爲自己的學歷有多高、能力有多強、資歷有多深，你都得明白，主管就是主管，當你跟主管的意見不同時，你跟主管討論事情，一定要先說：「主管，你是對的。」而不是否定你的主管，對他說：「你這樣想是錯的。」、「你的說法根本行不通」，「你說的方法前主管早就提出過了，根本不可行」，你首先要顧全他的尊嚴與面子，才能繼續跟他討論事情。

你可以在肯定主管，說「主管，你是對的」之後，心平氣和地說：「我的想法則跟主管有點不同，我的想法是這樣……，也請主管考慮看看。」，因爲你先肯定了主管，主管可能會更接受你的想法，你們的討論將更平和，也不會從事情的討論演變成尊嚴與面子之爭。

或許有些人會認爲他遇到的是無能的主管，比如有些主管會要求員工達成某個目標或業績，但若請教他怎麼做，他會回你：「如果我知道怎麼做，還花錢請你幹嘛？」也有些主管的做法常常朝令夕改，要求你做某件事，當你進行到一定的進度時，又跟你說計畫改變了，使得你做了白工。

即使你遇到類似這樣的主管，還是要保持「我是對的，你也沒錯」的心態，先肯定主管，而不要像顏回這樣，抱著「我對你錯」的心態，擺出「對的我」要來教「錯的你」的高姿態，彼此的尊重會讓你跟主管的相處更融洽。

拿回自己的力量

除了肯定主管之外，還要在職場培養不卑不亢的心態。

這世界之所以會有「慣老闆」，原因之一，就是有「慣員工」。所謂的「慣員工」，就是當慣老闆提出不合理的要求，比如不想多請人，一個員工當五個人來壓榨、要求員工加班卻不給加班費、要求員工共體時艱，不給員工分紅、要求員工把公事帶回家處理……等等，「慣員工」都會忍氣含淚，照單全收。

而有些員工之所以會逆來順受，接受慣老闆的不合理要求，是因爲這類員工有著「討好型人格」，當主管的要求不合理時，討好型人格的人即使心裡委屈或不願意，都還是會照單全收，因爲討好型人格的人渴望藉由順從來獲得主管肯定、經由乖巧來獲得主管讚許。

然而，我要提醒大家，討好與順從並不是跟主管相處的好方法，因爲討好與順從往往不只不見得能換來主管的尊重，還可能被主管得寸進尺的要求或情勒。越是討好與順從的人，主管分派給他的工作往往也越多，因爲主管知道他很好「凹」，只要主管交代他做事，他都不會抗拒，即使稍有抗拒，只要主管板起臉孔，他就接受了。但主管習慣凹他，他在主管心中卻不見得有較高的地位。有些人在順從主管之後，不僅沒得到主管的嘉許，主管還常給予乙等的考績。

討好型人格的人往往會把自己做「低」，希望得到「高高在上的主管」的肯定，這麼一來，不只不見得能得到主管的肯定，主管還可能感受到他自認很「低」，因此更順理成章的壓榨他。

而所謂的「不卑不亢」，「不卑」，就是不要把自己做小做低了。而若要做到心理上的「不卑」，就要在主管提出不合理的要求或期待時，看見自己的心是不是又習慣性地以順從來討好主管，同時又有許多委屈與無奈。如果有這樣的心態，就要學會拿回自己的力量，才能以平行的高度跟主管對話，並婉拒主管的不合理要求。

至於所謂的「不亢」，就是不論主管的說法與做法多麼跟你不對盤，都不要抱著鄙夷的心態與主管溝通，這也就是前面說的，在尊重彼此的原則下，相信「我是對的，你也沒錯」，「我們都是對的，只是思考的角度不同而已」。

職場不只是發揮專業、賺取薪資的場域，更是心靈成長的道場。如果能覺知自己的想法，就能在跟主管相處的過程中更認識自己，並因此而更安定自己的心，也能更不卑不亢的與主管相處，這卽是最好的「向上管理」。

在這個寓言故事中，孔子（其實是莊子，他在故事中藉由孔子之口來說）告訴顏回，如果顏回自認有理，就想用自己認爲的道理來改變衛國國君，只怕不只無法說服衛國國君，還會顯得很「白目（不識相）」。只有顏回先修自己的心，才能在彼此相處時「向上管理」，眞正影響衛國國君。莊子說出了職場的「向上管理」之道，大家謹記謹記！

快樂心語

職場不只是發揮專業、賺取薪資的場域，更是心靈成長的道場。如果能覺知自己的想法，就能在跟主管相處的過程中更認識自己，並因此而更安定自己的心。

顏回將要前往衛國，先來請教孔子

櫟樹想當無用之樹

有位木匠帶著弟子來到齊國，看到一棵櫟樹。這棵櫟樹大到能遮蔽幾千頭牛，樹幹有上百圍之粗（一圍是一個人張開兩隻手臂的寬度，上百圍就是上百個人手牽手才能把樹抱起來），樹非常高，而且高度高出山頂十仞才有分枝，樹枝可以用來做獨木舟的粗大旁枝有數十枝。圍觀這棵樹的人很多，但木匠看到這棵樹，連看都不想多看一眼，就逕行離開了。

弟子們看木匠對這棵樹不屑一顧，趨前問他：「我自從跟隨老師當木匠學徒以來，從沒看過這麼好的木材，但老師連看都不肯多看它一眼，還加快腳步離開，這是怎麼回事？」

木匠告訴弟子：「算了啦！別說了，這棵櫟樹只是棵沒用的散木。用來做船，船會沉；用來做棺木，棺木很快就腐爛；用來做器具，器具很快就毀壞，它就是這麼一棵徹頭徹尾的爛木頭，一點用都沒有，也就因為它沒用，沒人想砍它，它才能這麼長壽、長這麼高。」

木匠回家後，晚上睡覺夢見那棵櫟樹，櫟樹對他說：「你說我沒用，是拿我跟什麼相比？是跟有用的樹相比嗎？那些山楂樹、梨樹、橘樹之類的『有用的樹』，一旦果實成熟就會被敲打，樹枝也可能被折斷，因此它們常常不能終享天年就夭折了。

「對我來說，無用才是大用，如果我有用，還能長這麼高大嗎？」

《莊子》一書多處提到「有用」與「無用」，這則寓言故事就是其中之一。

如果對莊子的學說一知半解，可能會以爲莊子所說的「無用」，就是甘於智力、體力、身體不如人，不想學習、不想付出、不想努力，也不求上進，總而言之，就是擺爛、耍廢、當廢人，並合理化自己的「沒用」，或訕笑譏諷那些所謂「有用」的人。

比如一位學生這麼說：「這禮拜我們班要到台北參加合唱比賽，還好我聲音很難聽，沒入選班上的合唱團。班上只有三個同學沒參加，我就是其中一個。因爲不用去台北，我比同學多賺了一天假，可以在家玩一天手機遊戲。所以說嘛！表現那麼好幹嘛？唱歌難聽，不入選合唱團還有福利，這就是沒用的好處！」

對於這樣解讀莊子的人來說，「有用」的人就等於「能者多勞」，必須在職場上付出更多時間、智力、精力與體力，或許能賺得更豐裕的金錢，卻可能賠上健康，這就像那些「有用」，卻因此壽命比較短的山楂樹、梨樹、橘樹一樣。於是當有些人不想努力，想要擺爛、耍廢、當廢人時，就可以把莊子的理論冠冕堂皇地搬出來：「莊子說的沒錯，『有用』的人因爲能力好，所以會被操。我可不想被活活操死，所以我要當『無用』的廢物，這樣才能活得長久。就像沒用的櫟樹，悠悠哉哉，長命百歲。」

莊子的「無用論」受到許多人曲解，成爲合理化不努力的良好藉口。當自己想擺爛時，只要說：「連莊子都說『無用』勝於『有用』了，何必那麼努力？」或許就能說服自己，也說服他人。

這樣的想法或許會產生類似這樣的說法：「還好我當年在學校不努力，沒考上醫學院，沒當醫生，因此不必二十四小時值班，沒日沒夜被操。」、「還好我理工程度很差，怎麼學都學不會，也無法進科技業工作。那些科技人雖然賺很多錢，但都是用他們的肝換來的，我可不希望年紀輕輕就爆肝，所以像我這樣，什麼都不會還是比較好。」、「那些大公司的CEO都很忙，即使休假還是都得處理公務，還好我是個廢材，就算休假一個禮拜對公司也沒什麼影響。」、「我就是莊子說的那種『無用』之人，做人還是不要太『有用』，越有用就越被操。」

咦！莊子是這個意思嗎？他有鼓勵大家不上進、不努力，天天擺爛、耍廢、當廢人嗎？

如果是這樣解讀莊子，莊子應該是「躺平族」、「啃老族」、「靠爸族」的祖師爺吧！大家一起來擺爛，沒用最棒，無能萬歲，能躺不要坐、能坐不要站！

然而，這是「無用」的正解嗎？

如果你曾經這樣解讀莊子，我要跟你說，這解讀完全悖離了莊子的本意，莊子可不是這個意思。

我是我自己，我活出了自己的價值

讓我告訴大家莊子真正的意思：莊子所謂的「有用」，就是符合主流價值觀，因此外界會說他「有用」。至於「無用」，則是不符合主流價值觀，因此外界會說他「無用」。

舉個例子：一個成績優異的學生考上頂大電機系，大學時期的他仍是班上的佼佼者。大二暑假到父親工作的工地打工，父親做的是雜工，他也到工地幫忙噴油漆、抬磚塊。

然而，這些勞力活並不是他的專長，他做不到半小時就汗流浹背，又因體力不濟，每做一、二十分鐘就氣喘吁吁，還得坐下來休息。

當他休息時，有多位父親的工地同事都來取笑他：「年輕人，你怎麼這麼沒用啊！體力這麼差！」、「我看你大概只會讀書，其他什麼都不會吧！」、「我看你白白嫩嫩，就像是被養在籠子裡的飼料雞。你要跟我們多學學，多做點粗活，身體才會壯。」

這位頂大高材生在工地成了「無用」之人，但他眞的「無用」嗎？誰都知道不是吧！他之所以會被取笑爲「無用」，是因爲工地的主流價值觀是「體格強壯，能搬重物。能幹粗活，能忍受風吹日曬，才是有用的人。」這位讀書一級棒的高材生在工地完全不符合主流價值觀，因此成爲「無用」之人。

反之，如果工地的工人們跟高材生一起到大學讀書，很會幹體力活的他們可能完全不會讀書，而學校的主流價值觀是「把書讀好，才是有用的人。」那麼，這些工人們就全都成了「無用」之人了。

主流價值觀是他人的認知，「有用」與「無用」也是來自他人的認定，那麼，我們難道必須迎合主流價值觀，成爲別人心中「有用」的人嗎？

莊子說非也非也，人不必活得這麼辛苦，莊子向來鼓勵大家快樂、自在、做自己，因此，只要快樂的做自己，發揮自己的天賦，做自己擅長的事，追求自己的夢想就好，管他別人說我「有用」還是「無用」，嘴巴長在別人身上，他愛怎麼說是他的事，我積極又熱情的創造我的人生就好。

在這個「無用的櫟樹」寓言故事中，人們的主流價值觀是「可以拿來做船、做棺木、做器具的木材才是好木材，也才是『有用』的木材。」但櫟樹並不符合主流價值觀。櫟樹的木料並不適合拿來做船、棺木或木料，但櫟樹有自己的熱情，它讓自己長成參天大樹，樹蔭可以遮蔽數千頭牛，牛群們在樹蔭下遮陽避暑，免受豔陽酷熱之苦，這就是櫟樹最大的快樂，也是它最大的成就。相信櫟樹每天看到許多人或許多牛羊在它的樹蔭下乘涼，內心都無比喜悅。

木匠以主流價值觀否定了櫟樹，說它是沒用的爛木頭，櫟樹因此託夢告訴木匠，你何必拿我跟別的樹比較，我是我自己，我活出了自己的價值，你有什麼意見嗎？

可知莊子從來沒鼓勵大家擺爛、耍廢、當廢人，而是要大家快樂的做自己，積極熱情的爲自己的夢想努力，或許你想成爲的自己並不符合社會上的主流價值觀，還可能因此被說「無用」，但請你明白，人生是你自己的，活出自己的熱情、活出自己的夢想，你就會邁向自己的成功。至於那些「有用」與「無用」的讚美與批評，就聊做參考就好，畢竟人生是自己的，自己快樂最重要。

快樂心語

只要快樂的做自己，發揮自己的天賦，做自己擅長的事，追求自己的夢想就好，管他別人說我「有用」還是「無用」。

樹因無用而長壽，鵝因無用而夭壽

莊子在山林間行走，看見一棵大樹，枝葉非常茂盛。伐木人就在樹的旁邊，卻沒有動手砍伐。莊子問伐木人為什麼不砍這棵樹，伐木人說：「這棵樹的木料實在沒什麼用處，所以我不會砍伐這棵樹。」

莊子說：「這棵樹就是因為無用，才能終享天年。」

而後莊子來到一位老朋友家，老朋友很開心，叫僮僕殺一隻鵝來款待莊子。僮僕問道：「有兩隻鵝，一隻會鳴叫，另一隻不會鳴叫，請問要殺哪一隻？」老朋友說：「殺那隻不會鳴叫的。」

莊子跟弟子談起這兩件事，弟子問莊子：「山林中的大樹因為無用而能終享天年，老師老朋友家的鵝則是因為無用而被殺，那麼，老師認為人應該是要有用，還是無用呢？」

莊子說：「我將處於有用與無用之間，有時像龍一樣飛翔，有時像蛇一樣潛伏，因時因地制宜，以順應自然為原則，不執著於追求『有用』或『無用』。」

這個世界有主流價值觀，當一個人符合主流價值觀時，人們會說他「有用」，而當一個人不符合主流價值觀時，人們就會說他「無用」。「有用」與「無用」往往不是由自己來認定，而是由別人來分辨，別人的想法還可能因時因地而不同。

我從大學時代就開始閱讀心靈書了，《莊子》就是其中一本。醫學院的功課壓力很大，常常都有讀不完的書與講義，那時的我經常到學校圖書館讀書，我總是在專業書籍之外，還帶一本心靈書，每當專業書籍讀累時，我就看看心靈書，紓解身心。

在我看心靈書時，若是同學見到，有些同學會說：「哇！博學多聞！除了學校的課業之外，還涉獵這麼多書。」卻也有些同學帶著訕笑的語氣說：「你讀《莊子》幹嘛？《莊子》又不會考，讀這個只是浪費時間。」

的確，在醫學院求學的時期，主流價值觀就是學好醫學相關科目，這才是「有用」的，《莊子》這類心靈書籍則是考試不會考的，也是「無用」的。

但不論同學的認知如何，我都樂在心靈哲學，因此還是一本又一本的閱讀心靈書籍，樂此不疲。

時光荏苒，一眨眼我已經五十多歲，主流價值觀也隨著時光改變了。當年的同學們認爲學好醫學專業才是「有用」的，因爲有良好的醫學專業能力才能做好醫療工作。我希望自己是個好醫師，因此我也認眞地學好醫學專業，畢業後到醫學中心受訓成爲專科醫師，行醫已近三十年。

隨著時間轉移，年齡增長，大家都經歷過了許多世事。有時跟老同學聊天，同學們會談到，工作賺錢並不是最重要的，擁有健康的身體、平安的心靈、和樂的家庭、快樂的人生比工作賺錢重要太多了。

健康的身體、平安的心靈、和樂的家庭與快樂的人生不就是心靈哲學引導我們去創造的嗎？我很慶幸自己二十幾歲就愛上心靈哲學，幾十年來一直保持閱讀心靈書的習慣，讓自己擁有平安喜樂的心。近二十年來，更是因爲常常做心靈演講，我已經成爲小有名氣的心靈老師。

很多人都曾對我說：「你怎麼那麼早慧，那麼年輕就知道要閱讀心靈書籍？」可知在我現在這個生命階段，從主流價值觀來看，閱讀心靈書籍又變成了「有用」，甚至「很有用」的。

主流價值觀並不是固定，而是不斷改變的，如果要跟隨主流價值觀，做主流價值觀認爲「有用」的事、當主流價值觀認爲「有用」的人，有時會迷失自己，而且世事變遷，「有用」可能變成「無用」，「無用」也可能變成「有用」。

就像我年輕時閱讀心靈書籍，在別人的眼裡是「無用」的，但到了中年以後，別人又認爲讀心靈書籍是「有用」，別人的認知會一直改變，那麼，我又怎能跟隨別人的認知，當別人認定的「有用」的人。

與其要當別人眼中「有用」的人，我會更順隨自己的夢想與熱情，創造自己喜愛的事物，至於別人認爲「有用」或「沒用」，那就聊做參考吧！

這就像莊子聽到伐木人說，樹木的木料是「無用」的，所以不砍它，又聽朋友說，家裡養的鵝不會鳴叫，是「無用」的，因此要殺牠。樹因「有用」而被砍，鵝因「無用」而被殺，弟子們因此滿心疑惑，到底是「有用」好？還是「無用」好？

說來人並無法決定自己是「有用」還是「無用」，因爲「有用」與「無用」是別人的認知，就像伐木人的主流價值觀是木材必須能做家具才是「有用」的，因此他認爲不能做家具的木材就是「無用」的，莊子朋友的主流價值觀則是會鳴叫的鵝才是「有用」的，因此他認定不會鳴叫的鵝就是「無用」的，這都是他們的認知而已，並非絕對的標準。

而既然主流價值觀是別人的認定，我又何必跟隨別人起舞，讓別人來決定我的人生？這就像莊子說的，我會處於「有用」與「無用」之間，時而「有用」，時而「無用」，不追求「有用」或「無用」，而是順應自然、跟隨自己的心、順隨自己的快樂，創造自己想要的人生，安住在自己想要的喜樂中。

順隨自己的心，熱情地做自己

說個故事：我有位朋友是農村子弟，家裡有農田與魚塭，他從小就喜歡家裡的農務與漁務，如果有同學到他家，他最愛帶同學去坐他家的膠筏（俗稱竹筏）。他會撐起筏竿，跟同學一起乘著膠筏在魚塭中玩樂。

他很喜歡農事與漁事，但社會的主流價值觀認為，男人只做農務是不夠有出息的，應該讀好書，做社會地位更高的人，才是更「有用」的人，於是他認眞讀書，後來考上了一流大學的電機系，畢業後成為工程師，到科技業工作。

工作到四十幾歲時，他認為經濟大致充裕了，於是他離開了職場，買了一塊地，過起了漁菜共生的養魚種菜生活，對於他來說，這才是他最大的快樂。

那麼，什麼是「有用」的？什麼又是「無用」的？從主流價值觀來說，工程師顯然是比農夫更「有用」的，然而，於這位朋友的心而言，如果想要擁有快樂，農夫又是比工程師更「有用」的。「有用」與「無用」只是人為的界定，這位朋友追隨自己的心，追求自己的快樂，讓自己活在快樂中，這就超越了「有用」與「無用」。

莊子的教導也是如此，就像樹不會追求「有用」或「無用」，每一種樹都只是在做自己，「有用」與「無用」是人定義的，樹可無法顧慮人怎麼想。鵝不會追求「有用」或「無用」，每一隻鵝都只是在做自己，「有用」與「無用」是人定義的，鵝可不會為了討人歡喜而鳴叫或下蛋。

至於人呢？還是順隨自己的心吧！就讓我們都來跟隨莊子的教導，跳脫「有用」與「無用」，不執著於「有用」與「無用」，熱情地做自己，追尋自己的快樂，創造自己想要的人生！

快樂心語

不追求「有用」或「無用」，而是順應自然、跟隨自己的心、順隨自己的快樂，創造自己想要的人生，安住在自己想要的喜樂中。

支離疏因身體殘疾而免於上戰場

支離疏這個人嚴重駝背，面頰藏在肚臍裡，肩膀比頭頂還高，後腦勺的髮髻朝天，五臟的穴道在身體上方，兩隻大腿跟肋骨一樣高。他幫人家縫衣服及洗衣服，就足以支付一天的開銷。如果他幫人將米粒篩除米糠為白米，還可以養活十個人。因為他嚴重駝背，國家徵兵時，不會將他收編為軍人，國家需要人民服勞役時，也不會派遣他服勞役，而當國家要發給殘疾的人糧食時，他可以領到糧食與柴草。支離疏雖身有殘疾，但他可以養活自己。他不必從軍，不須投身戰場，因而得以終享天年，所以誰又能說，「無用」不是好事？

莊子很鼓勵大家做自己，也鼓勵大家正面思考，不論你現在處在怎麼樣的境況，莊子都會告訴你，你要相信一切都是最好的安排。即使你認爲自己所處的境遇很糟糕，如果能從正面的角度來思考，你就會發現你所遭遇的挫折都蘊藏著正面意義。

支離疏的故事就是要告訴大家這個道理，在連年征戰，遍地烽火的戰國時代，體格健壯的男人幾乎都被徵調上戰場了。支離疏是駝背的殘疾人，他無法上戰場。或許支離疏看著身邊的男性朋友紛紛上戰場，心裡也會感覺酸酸的，因爲他們的體格都那麼正常，可以上戰場，也可以進行農事，還可以娶妻生子，而像支離疏這樣的男人，既無法上戰場、也做不了粗重的農事，更不可能有哪家的姑娘願意嫁給他。

但莊子是這麼看支離疏的，他說支離疏的身體有殘疾，因此不用上戰場，也不必服勞役，因而可以終享天年，這對於戰亂時代的人來說，是何其求之不得。擅長正面思考的莊子說，支離疏這樣也很好啊！一切都是最好的安排，從長壽的角度來看，支離疏可說得天獨厚。

事件的本質都是中性的，觀點則是多重的，有正面的觀點，也有負面的觀點，以支離疏而言，如果從體格健壯的觀點來看，支離疏就是個不折不扣的魯蛇（loser：人生失敗者），而若是從長壽的觀點來看，支離疏絕對是「人生勝利組」。

那麼，如果是你，你會選擇用哪種觀點看人生？

不同的想法造成不同的心情

說個故事：在當年 COVID-19 疫情吃緊時，政府規定確診者必須隔離七天，當時有施行電子圍籬政策，如果隔離期間擅自離開隔離處所，就會被罰鍰。

那時我的門診（以及視訊門診）有非常多的確診個案，當我發現個案確診，告訴他必須隔離七天時，有些個案會很哀怨又無奈的說：「啊！要被『關』七天，天啊！我會不會被『關』到瘋掉？」

然而，我有一位個案卻很瀟灑，他聽到確診要隔離七天，笑笑說：「喔！好，我延遲許久沒完成的作品終於有時間完成了。」

他是一位書法老師，一直都很想寫一幅白居易的〈長恨歌〉。他寫書法習慣一氣呵成，但〈長恨歌〉多達八百多字，他外務又繁多，一直撥不出時間來寫。

當他聽到確診要隔離七天時，第一個反應不只不是哀怨，還有點淡淡的喜悅（畢竟剛確診，身體不是很舒服，不至於非常開心），因爲他終於有一段充裕的時間可以完成〈長恨歌〉了。

隔離結束之後，他來找我，向我展示他的作品，那是一幅長卷的〈長恨歌〉，他在最後題上：「〇〇〇寫於確診隔離期間」。

從他開心的笑容，我相信他是從容以對七天的隔離時間。可知同樣面對隔離，每個人的觀點都不同，有些人的觀點是哀怨的，有些人的觀點則是開心的。想採取什麼樣的觀點，完全由個人自行決定。

讓我舉個實況題，讓你思考一下：

某個假日，你們全家一起出遊，開車前往遠地的某個景點。你們安排了三天兩夜的旅行，但一到當地，就下起了傾盆大雨，你看了氣象預報，說暴雨會連下五天。

這時你會有什麼想法？

A. 眞的是倒楣到爆，今年只有安排這次長程旅遊，我還跟同事喬了好久的特休，才休到這三天，怎麼就遇到下大雨，實在倒楣透頂。

B. 晴天有晴天的玩法，雨天有雨天的玩法，既然巧逢雨天，我們就趁雨勢比較小時出門走走。雨中漫步旅遊，孩子們的印象一定更深刻。

C. 下雨了，也玩不成了，沒關係，這一定是老天爺刻意的安排。平常全家都很忙，也沒時間談談心，既然老天爺要我們在這間旅館共處三天，外面下大雨，天氣又涼快，我們一家人就來利用這難得的機會，好好聊聊天吧！

不同的想法造成不同的心情，下大雨是你無法決定的，想法則是你能決定的，即使你感覺自己倒楣，並不斷咒罵老天，或埋怨自己運氣不佳，都不會改變下雨的事實。那麼，你何苦用負面想法折磨自己呢？

每個人難免都會遭遇挫折，也難免都會遭遇不順心的事。遇到不順心的事時，如果還以負面觀點解讀，只會讓人更煩更躁更難過，而若能以正面觀點解讀，或許就更可能轉危爲安，因禍得福。

我門診有許多糖尿病患者，有多位患者都曾提到：「實在很倒楣，得到糖尿病，這也不能吃，那也不能吃，眞的很煩。想想什麼好吃的都不能吃，活著到底有什麼意思？」

不過，也不是每位糖尿病患都這麼想。我有一位個案四十多歲時被診斷出糖尿病，他身高一百七十公分左右，當時的體重是一百多公斤，身材肥胖。被診斷糖尿病後，他才發現自己從來不注意飲食，常吃高熱量食物，也常喝酒。於是爲了身體健康，他戒了酒，正餐都只吃糙米飯，不再吃油炸食品及高糖分食品，體重因此漸漸減了下來，減到大約七十幾公斤。

目前的他未服用血糖藥物，但血糖控制良好，他常跟我說：「其實我很感謝糖尿病，想想沒罹患糖尿病之前，我眞的很不愛惜我的身體，常常吃高熱量食物，也常跟朋友聚會大吃大喝。現在改變飲食，體重減輕，身體輕盈靈活很多。如果朋友聚會，我也都以糖尿病爲理由，拒絕高熱量食物。」

同樣是糖尿病，有人以無可奈何的態度看待它，也有人把它視爲生命的禮物、上天的祝福，因爲它而讓自己的生活有了更好的轉變，身體也因此更輕盈健康，而當一個人越以正面的觀點看待糖尿病時，血糖的控制往往也越穩妥。

戰國時代是戰爭頻繁的時代，從莊子的正面思考來看，體格強健，可以上戰場、保家衛國的男人很好，而若是像支離疏這樣，身有殘疾，無法上戰場，莊子說這樣也很好，因爲不用上戰場就可終享天年。總而言之，每個人都有自己的人生與運途，只要能從正面的觀點來看，就怎樣都很好，願大家都愛自己，也讚美自己的人生。

快樂心語

每個人的觀點都不同，有些人的觀點是哀怨的，有些人的觀點則是開心的。想採取什麼樣的觀點，完全由個人自行決定。

鳳兮！鳳兮！何如德之衰也！

孔子來到楚國，楚國狂人接輿見到孔子，高聲說：「鳳啊！鳳啊！為何你的德行這麼卑微！未來是不可期待的，過去也無法挽回了。天下有道時，聖人可以成就他的功業；天下無道時，聖人也只能苟全性命。處身現在這個時代，能避免被刑罰所害就不錯了。幸福比羽毛還輕，不知道怎麼享用，災禍比大地還重，也不知道怎麼迴避。算了吧！算了吧！別在他人面前顯示自己高超的道德。危險啊！危險啊！畫地自限而侷限了自己的道路。遍地的荊棘啊！不要阻擋我的路，我要走的路曲折顛頗，可不要傷害了我的腳。」

這則寓言故事出自《莊子》的〈人間世〉篇，〈人間世〉是莊子的「職場教戰手冊」，這則故事主要是告訴大家，你不必爲了求職而扭曲自己的人格，而若是你的職場是不友善職場，也請你不要卑躬屈膝，委屈自己留在職場。

這則故事在《莊子》一書中非常經典，唐代大詩人李白曾以這則故事寫下兩句詩：「我本楚狂人，鳳歌笑孔丘。」這兩句詩也非常膾炙人口。

那麼，這則寓言故事要告訴大家什麼呢？以更淺顯明白的話語來說，就是孔子是一位公認非常有德行的人，他爲了實現理想，周遊列國，求見各國君王，希望謀得一官半職，一展理想與抱負，然而，當孔子希望各國君王接見及晉用自己時，難免就會委屈自己，附和君王。

楚國狂人接輿看到孔子的境況，非常感慨，於是說了「鳳兮！鳳兮！何如德之衰也！（鳳啊！鳳啊！爲何你的德行這麼卑微！）」這段話，意思就是：「孔子啊！你德行這麼高，爲什麼不好好珍愛自己，而是爲了得到君王的接見與晉用，不惜扭曲自己。

「你本來是一隻尊貴的鳳鳥，爲什麼讓自己的德行變得如此卑微？如果要像你這樣扭曲自己來求官，我寧可自在的做自己。即使我的路荊棘遍佈，顚簸難行，我還是願意走自己的路。」

莊子藉著接輿之口告訴大家，千萬不要扭曲自己來創造職場關係，或委屈自己來維持職場關係，這會讓你的人格顯得很卑微。如果要用這樣的方式創造或維持職場關係，還不如離開職場，從事能讓自己的心自在的工作。

走在自己的道路，做自己

曾經有位四十多歲的朋友對我說，他從事科技業，目前是中階主管，他任職的公司規模不算大，像他這樣的中階主管有三位。

他說他的個性就是老闆交代的工作一定要做到，老闆要求的KPI（績效）一定要達成，但他發現他的達成率越高，老闆對他的要求也就越高，如果沒有達成老闆的要求，老闆常常都會出言訓斥，甚至語帶侮辱，他因此痛苦不堪，常常想離職。

我問他：「另外兩位中階主管的處境也都跟你一樣嗎？」他告訴我：「並沒有，他們的工作態度都是得過且過。我跟他們討論過，老闆的要求很多，而且態度很不好。他們總是對我說，老闆要求很高，我們就盡量達成就好，沒達成也就敷衍一下老闆，工作嘛！何必逼死自己。」

「我實在無法接受他們這種態度，或許我是老實人，總覺得老闆交代什麼，就該全力以赴。做人就是要有責任感，怎能敷衍了事？」

他嘆了一口氣，接著說：「努力工作對我來說還不是最大的問題，我最大的痛苦是老闆對我的要求很多，但對我講話的態度常常都很不客氣，如果我沒有達成目標，他甚至語帶羞辱。說眞的，比起另兩位中階主管，老闆對我的態度更差，這讓我感覺很沮喪，也常常有離職的念頭，但我若說出我的想法，老闆會威脅我，說如果我離職，他就要用『競業禁止條款』(爲了避免離職員工洩密，禁止員工離職後到與原公司競爭的公司工作)，讓我無法跳槽到其他公司，進行同質的工作，逼得我走投無路。

「我的心很累，有時看看同學，很多同學自己創業，都發展得很好。

我也曾有創業的念頭，但我又想，我四十多歲了，創業的起步已經晚了，要成功談何容易？我也曾想過要考公職，到公家機關上班，但想想自己已經四十多歲了，又這麼多年沒讀書，怎麼考得上？幾經思考，雖然老闆態度很差，我還是只能在公司繼續待下去，或許也只能忍耐到退休。」

如果莊子（寓言故事中的接輿）看到這位朋友，應該也會對他說：「鳳兮！鳳兮！何如德之衰也！」也就是你何必委屈自己，為五斗米折腰呢？天地何其寬闊，當你已經明白你的老闆是壓榨員工、態度惡劣的慣老闆，你為什麼還不快逃，走自己的道路呢？人生在世，不必為了工作失去自己吧？

這樣的原則也適用於伴侶或婚姻關係，人不必扭曲自己來創造伴侶關係，或委屈自己來維持婚姻關係，如果為了創造或維持關係而委屈自己或扭曲自己，會讓自己顯得非常卑微。

有位四十多歲的女性朋友說起她的婚姻，她說：「我在三十歲時認識我先生，當時覺得跟他相處很愉快，於是陷入熱戀，過了兩年就結婚了，婚後生下一個孩子。

「我完全想不到他婚前跟婚後是完全不同的兩個人，我們都有正當職業，每個月各自的收入也都有六七萬元，但從結婚後幾個月開始，他就會來跟我要錢。我問他爲什麼要錢，他說他有一些債務需要償還，我心想『夫妻有通財之義』，於是只要他開口，我就給他，每個月一半以上的薪水都被他拿走了。

「我本來以爲他的債務會慢慢還完，但給了他三年多後，我發現他的債務就像是無底洞，永遠都還不完。而雖然孩子出生了，他還是從未拿錢回家，家裡的開銷全都由我支付，他還常說需要更多錢還債。

「婚後五年多的某一天早上，我有急事要出門，他在門口攔下我，露出凶惡的眼神，說：『我現在急需兩萬元，妳馬上給我兩萬元，不然我絕對不會讓妳出門。』他凶惡的眼神讓我很害怕。

「他知道我前一天剛領了兩萬元，那是要拿回娘家給我媽繳住院費用的。我不能把錢給他，如果給了他，我就沒錢拿回家了，於是我緊緊抱著裝錢的包包。他一氣起來，把我推到牆上，把我的包包搶走，也拿走了錢，那是他第一次出現暴力行爲。

「從那天起，我就有了離婚的想法。但我先生雖然對我不好，卻非常疼愛孩子，他們常常一起出門打棒球，平常也都有說有笑。孩子小學時，我曾對孩子提過想離婚的念頭，孩子哭著說：『媽媽！妳不要離婚嘛！我不要離開妳，也不要離開爸爸！』聽孩子這麼說，我的心就軟了。

「然而，我的災難依然無窮無盡，後來我知道，我先生很愛賭博，欠地下錢莊大筆債務，因此必須不斷還錢。現在的我每個月還是都會被他拿走大筆的錢，結婚十幾年，我一毛錢存款都沒有。跟我先生在一起，我眞的非常痛苦，但若眞要離婚，又怕傷害孩子……」

如果莊子認識這位女性朋友，應該也會跟她說：「鳳兮！鳳兮！何如德之衰也！」你何必委屈與扭曲自己來維持婚姻關係呢？再這麼痛苦下去，不會把自己逼到走投無路嗎？

莊子很鼓勵大家做自己，當你的職場或婚姻造成了強大的壓力，爲了維持職場或婚姻關係，你得委屈自己或扭曲人格，莊子會告訴你，離開天地寬，或許斷捨離讓你痛苦的職場或婚姻，重新爲自己做選擇，你會發現人生柳暗花明又一村。

快樂心語

我寧可自在的做自己。即使我的路荊棘遍佈，顛簸難行，
我還是願意走自己的路。

如果莊子是烏龜，他希望自己在爛泥巴中搖尾巴

莊子在濮水釣魚，楚王派遣兩位大夫前來找他，對他說：「楚王希望你來朝廷當官，他想把國家大事交給你。」

莊子繼續拿著釣竿，看也不看那兩位大夫一眼，說：「我聽說楚國有隻神龜，已經死了三千年，楚王以巾布覆蓋牠，將牠放在竹箱中，珍藏於廟堂之上。你們說說，這隻烏龜會比較喜歡死後留下龜殼，被放在廟堂上，以顯示牠的尊貴？還是寧可活著，在爛泥中搖尾巴呢？」

兩位大夫聽了，說：「想也知道，那隻烏龜一定比較想活著，在爛泥巴中搖尾巴。」

莊子笑著說：「那麼，您兩位請回吧！我也想在爛泥巴中搖尾

巴。」

莊子的這則寓言是要告訴大家，選擇夢想、選擇工作，都要以自己的快樂爲考量，而不是依循世俗價值觀的認定。

對於莊子那個年代的人來說，「入朝當官」應該是讀書人公認最理想的出路，當官既可獲得名聲，也會有豐厚的收入，這當然是許多讀書人的夢想。

楚王派遣大夫前來聘請莊子入朝爲官，這是多大的殊榮，換成一般讀書人，早就跪地磕頭，謝主隆恩了。但莊子只是向兩位大夫說了神龜的故事，就跟對方說「慢走不送」，婉拒了楚王的邀約。

因爲莊子喜歡走自己的道路，做自己喜歡做的工作，朝廷當官收入再豐厚、名聲再響亮，都動搖不了他。

這段寓言故事如果換成現代的語言，可以這麼說：總統派遣兩位官員前來找莊子，表達總統想延攬莊子入閣，當部長級大官。

莊子聽了，說：「謝謝總統的美意，但我比較喜歡在自己的小教室上課，當個快樂的老師，這樣的我最自由自在。」

莊子的人生很豁達吧！

這個社會有主流價值觀，很多人會共同認定哪一種人生道路才是好的、對的、成功的，這樣的人生道路彷彿是人生的「官道」，走在「官道」上，人就能安心地邁向世人共同認可的成功。而若是沒走「官道」，走的是羊腸小徑，有時會質疑自己，我這樣的方向對嗎？會不會跟著大家走才是對的？身邊的親朋好友也可能會勸他回來走「官道」，免得走錯了路，人生萬劫不復。

走在大家認可的「官道」上，彷彿就是對的，因爲有公認「對」的夢想、人生、道路，因此，在這個世界上，很多人都在抄襲別人「對」的夢想、模仿別人「對」的人生、複製別人「對」的道路，如果沒有跟別人一樣，就會有惘惘的焦慮感，擔心自己做錯了決定，或者跟不上別人。

選自己最喜歡的道路，做自己最喜歡的自己

比如一群小學生家長聊天，A家長說他送兒子去學直排輪，B家長也說他女兒正在學直排輪，這時C家長開始有點擔心了，因爲她家小孩沒學直排輪，沒事都在玩拼圖。

C家長也可以將孩子送去學直排輪，如果她的孩子學習直排輪後，愛上了直排輪，那就是一件美事。但若是孩子學直排輪後，興趣缺缺，卻又得繼續學，因爲媽媽說，別人會溜直排輪，你也得會溜直排輪，不然跟不上別人，那麼，這個孩子的學習就是辛苦的，因爲他走在大家認可的官道上，這條官道他並不喜歡，但因爲是大家認可的官道，媽媽覺得很放心。

如果這孩子懂莊子，當他學直排輪學得心不甘情不願時，他可能會說：「如果要穿上直排輪鞋，當一隻被供奉、不自由的神龜，我還寧可回家玩我的拼圖，當一隻在爛泥巴中搖尾巴的烏龜。」

再說個故事：有位二十多歲的女孩，專長是電腦處理及文書作業。她的性格有點「社恐」，也就是社交畏懼，不太敢跟陌生人說話，也不擅長社交。

她的父母親開了一家小公司，他們希望女孩經過社會歷練之後，可以回家繼承家業。父母親都曾跟她說：「電腦處理及文書作業是行政工作，妳不要做行政工作，因爲行政工作領的是固定的死薪水。你要學會做業務，優秀的業務可以領大筆業績獎金，這才是致富之道。而且業務可以擴展人脈，人脈是創業的重要資本，很多企業的老闆都是業務起家，你一定要做業務，將來才能順利繼承家業。」

女孩告訴媽媽她有「社恐」，求學時期朋友就很少，當業務要硬著頭皮去跟廠商與客戶做社交，她不知道怎麼跟陌生人開口說話。對於業務工作，她非常畏懼，也非常排斥，她想做她擅長的電腦處理及文書作業就好。

媽媽聽了女孩的話，對女孩說：「妳要學習突破自己，而不是用社恐來合理化自己，讓自己不做業務。而且妳說妳不太敢跟陌生人說話，那是因爲妳沒有練習。我年輕時也很口拙，也不知道怎麼跟陌生人說話，但我後來到公司上班，老闆叫我做業務，我慢慢練習，就越來越會跟人溝通洽談，後來還成爲公司最績優的業務。

「妳要知道，口才是訓練出來的，當年的我爲了賺更多錢，選擇當業務，一天又一天訓練，口才就訓練出來了。所以我相信絕對沒有不適合當業務的人，只要有心，願意訓練自己，誰都可以成爲成功的業務。」

媽媽的這段話看似是在激勵女孩，然而，因爲女孩認定社交非她專長，因此她感受到的是滿滿的壓力，但爲了符合爸媽的期待，她還是到爸爸爲她介紹的公司擔任業務。

然而，她眞的口拙，也確實社恐，不敢跟陌生人交談，因而每天上班都充滿壓力，內心非常抗拒上班。經過幾個月後，因爲業績持續掛蛋，她的壓力越來越大，終於辭職了。

辭職之後，女孩暫時也不想再找工作了，天天在家躺平看網路影片，因爲對她來說，她擅長的電腦處理及文書作業在爸媽眼裡是「沒用」的，爸媽認爲「有用」的業務工作則是她不擅長的。她做擅長的工作不符合爸媽的期待，想符合爸媽的期待又力有未逮，內心兩相矛盾，乾脆不要工作。

這位女孩就是盡力想走爸媽認可的「官道」，當業務人員，安爸媽的心，但業務並不是她的理想，甚至還是她排斥的。爲了符合爸媽的主流價值觀，她寧可抄襲爸媽的理想，模仿爸媽的人生、複製爸媽的道路，卻把自己搞得痛苦不堪。

如果莊子認識這女孩，應該會引導她「做自己」，做最快樂的自己，或許電腦處理及文書作業是爸媽眼中的羊腸小徑，但只要她做得快樂，誰又能說不會成功？

若是這女孩讀過莊子，她或許會明白，與其要當一隻被爸媽認可的業務神龜，還不如當一隻在爛泥巴中搖尾巴的文書烏龜。選自己最喜歡的道路，做自己最喜歡的自己，人生才能有快樂與熱情。

做自己、追尋自己的夢想，不見得要走官道，而是要跟隨自己的心，才能活出最快意的人生。莊子要引導大家「做自己」，就是要大家都能活出最快樂的自己，擁有最快樂的人生。

快樂心語

選擇夢想、選擇工作，都要以自己的快樂為考量，而不是依循世俗價值觀的認定。

05

德充符

有道之人均無情

惠子對莊子說：「人難道是沒有情感的嗎？」莊子說：「是啊！」

惠子說：「人如果沒有情感，還能叫做人嗎？」莊子說：「老天賦予人形體，你明明就是個人，怎麼不能叫做人？」

惠子說：「既然是人，怎能沒有情感？」莊子說：「你說的『無情』不是我說的『無情』，我說的『無情』是指人不會心生憤怒、焦慮等負面情緒，也不會因負面情緒而傷身，這麼一來，才能順應自然而輕鬆生活。」

莊子又說：「老天賦予人形體，人不要以負面情緒傷害自己。惠子你總是跟人爭辯不休，因爭辯而生負面情緒，使得自己身心疲憊，這又是合宜的嗎？」

這篇故事出自〈德充符〉篇，所謂的「德充符」，就是德養到一定的境界，擁有平和寧靜的心，用當代的話語來講，即是一個人心靈成長，經由自我覺察與翻轉，消融內心的負面思想與情緒，因而擁有喜樂平和的心。

很多人都很容易被外境撩起負面思想與負面情緒，並因負面情緒而受苦。

舉個例子：張先生今年五十多歲，他的母親八十多歲，智力退化，行動也不方便。張先生夫妻工作忙碌，因此把媽媽送到安養院，交給安養院照顧。

想不到送媽媽到安養院後，張先生的阿姨打電話來唸張先生：「你也太不孝了吧！你媽媽從小那麼疼你，現在她年紀大了，你不是應該奉養她、孝敬她嗎？你應該要親自照顧她，怎麼會把她送到安養院？我越想越爲她不值。」

聽完阿姨的話，張先生怒火攻心，心想：「妳又不是我，也不了解我，憑什麼說我不孝？我們夫妻平常工作都很忙碌，媽媽的狀況又多，我們眞的應付不來。而且媽媽智力退化後，常常白天晚上都搞不清楚，有時半夜也會來敲我的門，問什麼東西放在哪裡。我再不送她去安養院，自己都快撐不住了，妳一個外人憑什麼說三道四？」

對於阿姨的說法，張先生非常生氣，他的頭腦常常不自覺浮現阿姨說他不孝的話語，每浮現一次就生氣一次，他也曾向許多親戚抱怨阿姨，說阿姨有多可惡，講話有多惡毒，但抱怨之後，他依然怒氣難消，想到阿姨就生氣。

盛怒的張先生或許以爲他氣的是阿姨，但實情並非如此，他氣的並不是阿姨，也不是阿姨說的話。他之所以會生氣，是因爲阿姨的話經過他頭腦的解讀，撩起了他的憤怒情緒，「頭腦的解讀」才是他生氣眞正的原因。

莊子如果認識張先生，應該會對他說：「息怒！息怒！消融你的憤怒，來當『無情』之人吧！」

莊子或許還會對張先生說：「如果你想平息憤怒，就要明白嘴巴長在阿姨身上，要怎麼說是她的事，你何必呼應她的話語，讓自己這麼生氣，還因爲怒火而傷身呢？」

莊子說的「無情」，就是一個人面對不舒服的外境，或聽聞不悅耳的話語，內心依然不動情，也就是不生憤怒、焦慮等負面情緒。如果張先生希望自己能像莊子說的那樣，聽聞阿姨的話語，內心「無情」，如如不動，不讓阿姨的話語撩起情緒，就要學會安住自己的心。

若想安住自己的心，就必須學會「覺察」，以張先生而言，他可以這麼覺知：「經由覺察，我明白我氣的不是阿姨，而是阿姨說我不孝，這句話讓我感覺我被否定了，我的心裡因此很不舒服，這才是我生氣眞正的原因。如果我希望心靈平和寧靜，就必須面對及消融自己的想法。」

學會覺察自己的思想

造成一個人負面情緒的從來不是外境，而是他的思想。外境可能會撩起他的負面思想，並伴生負面情緒，這就是負面情緒的眞正來源。如果外境無法撩起他的負面思想，他就不可能因外境而憤怒，可知外境絕不是讓人產生負面情緒的眞正原因。

而若是希望自己不受負面情緒之苦，就必須在負面情緒湧生時觀照自己的思想，並讓自己明白，都是自己的思想作崇，才會受負面情緒之苦。當一個人學會覺察自己的思想，而不是對焦於外境時，就能漸漸安頓自己的心。

如果能時時刻刻保持覺知，養成負面情緒一來就觀照思想的習慣，假以時日，心就會越來越安定。這麼一來，不論見到外境發生什麼事，或聽他人說了什麼話，即使不順眼、不悅耳，都可能像石頭投進湖裡卻水波不興，也就是不會被激起負面情緒，這就是莊子說的「無情」。

莊子所說的「無情」絕不是沒有感情，而是即使處身不舒服的外境，頭腦也不會輕易起負面思想與負面情緒，內心如如不動，這才是眞正的「無情」。

北宋文學家范仲淹的文章〈岳陽樓記〉有兩句話：「不以物喜，不以己悲」，意思就是「不會因爲外境的好壞而歡喜或悲傷，也不會因爲個人的成敗而喜悅或難過」，這也是「無情」。對於「無情」的人來說，即使外境出現壞事，或個人遭遇失敗，映照在內心的大湖裡，湖水都依然波瀾不起，一片澄靜。

時時刻刻自我覺察，就像禪宗神秀大師說的：「身是菩提樹，心如明鏡台，時時勤拂拭，勿使惹塵埃。」只要養成覺察的習慣，拂拭內心的塵埃，消融內心的負面思想，一定可以成爲莊子所說的「無情」之人。而當一個人不再輕易萌生憤怒焦慮等負面情緒時，他就能自然的安住在喜樂平安中。

說個故事：陳小姐結婚後的某一天，下班後她跟先生一起吃晚餐。

吃完晚餐後，陳小姐去洗碗，她洗得手有點痠，這時她回頭一看，先生正坐在沙發上玩手機遊戲，玩得津津有味。

陳小姐頓時火冒三丈，並大聲咆哮：「我洗碗洗得很累，你那麼閒，還有時間玩遊戲，就不會來幫忙嗎？」

聽到陳小姐的責罵，先生趕緊關上遊戲，過來幫忙洗碗，但即使先生洗碗了，陳小姐還是一張臭臉。

如果你已經了解了「覺察」，那麼，請問你，造成陳小姐憤怒的原因是什麼呢？

A. 先生玩手機遊戲。

B. 陳小姐看到先生玩手機遊戲，頭腦起了「我洗碗洗得這麼累，他都不會來幫忙，可見他根本不愛我」的想法。

相信你已經明白了覺察的眞諦，一定知道陳小姐之所以生氣，氣的是她頭腦中對先生玩手機遊戲的解讀，而若是她想平息心中的怒氣，就必須消融她頭腦中的負面想法，才能讓自己的心回復平靜，否則，即使先生過來洗碗，她依然怒氣難消。

「無情」的人會照顧好自己的心，不會讓心輕易隨外境起舞，因而能保持心的寧靜平和。相信你也希望有顆寧靜平和的心，那麼，就請你一起來學莊子，成爲「無情」之人吧！

快樂心語

一個人心靈成長，經由自我覺察與翻轉，消融內心的負面思想與情緒，因而擁有喜樂平和的心。

王駘的不言之教

魯國有個受過刑罰，被砍去一隻腳的人名叫王駘，他的弟子跟孔子的弟子人數一樣多。

常季問孔子：「王駘是個受過刑罰，少一隻腳的人，他的弟子居然跟孔夫子您的弟子各佔魯國學生的一半。他無法站著教學生，也無法坐著發表議論，但他的弟子跟隨他學習，卻個個滿載而歸。難道他真有不言之教，無形之中就能感化他人？請孔夫子告訴我，這到底是怎麼一回事？」

孔子說：「王駘是個聖人啊！我自認比不上他，只是還沒登門向他請教而已。我會以他為老師，比我還不如的人們，又怎能不以他為師？別說是魯國了，我將帶領全天下的人都來跟隨他學習。」

常季又問：「王駘修養自己，以智慧明白自己的本心，並將本心修成了平和喜樂之心。他著重修為，而非說法，那麼，為什麼還有這麼多弟子追隨他學習呢？」

孔子說：「人不能在流動的水中照見自己的身影，只能在靜止的水中清楚的照見自己，王駘就是靜止的水，他照見了每個弟子，讓每個弟子認識自己。王駘的境界越來越高，弟子也將越來越多，他何必費心於說法呢？他自己就是最好的法啊！」

莊子藉這個寓言故事告訴大家，修爲（心靈成長）的老師有兩類，第一類是擅長說法的老師，這樣的老師可以清楚的教導弟子修爲的方法，第二類則是已經修爲到一定境界，與法融合爲一的老師，這樣的老師在行住坐臥之間都會表現出成道者的儀態，弟子們只要跟老師相處，就能學習修爲的方法。

不過，人有其長，也可能有其短，莊子在這個寓言中告訴大家，很會說法的老師不見得都已經修成了自己所說之法，反之，已經修法成道的老師也不見得都能清楚的告訴弟子修爲之法。

一位老師如果既會說法，又已經修法成道，人法合一，那就是完美的，但如果不是如此，在這兩類老師中，比起擅長說法的老師，莊子會更推崇修法成道的老師。

在這個寓言故事中，孔子代表擅長說法的老師，王駘則是修法成道的老師，兩人各有魯國一半的學生，聲勢都很驚人，不過，莊子說，孔子自承他還得向王駘學習，畢竟修法成道才是眞實的境界，如果只會說法，或許會淪爲「說得一口好修爲」，嘴巴說道，心靈則離大道很遠。

如果把莊子的說法運用到生活中，那就是「言教不如身教」，眞正能影響別人的，往往不是一個人的嘴巴怎麼說，而是他怎麼做。

將修爲方法落實於生活中

學個例子：曾有多位爸爸或媽媽憂心忡忡地問我：「我小孩才剛上幼

稚園，除了上學時間之外，幾乎都抱著平板電腦，一直看影片。我好擔心這會影響到他的眼睛，更擔心影響到他將來學校課業的學習。我常想，他從小就這麼沉迷電腦，將來要怎麼讀書？請問老師，你有沒有方法可以改變我家孩子的行爲，讓他不會一直沉迷於電腦？」

我會問提問的爸爸或媽媽：「那麼，請問你，你下班之後，空閒時大多做些什麼？」

有些爸媽想了想，會告訴我：「大多滑滑手機，追追劇。」

我會再問這樣的爸媽：「那你的行爲不是跟你家小孩一樣？」

爸媽們可能會辯解：「不一樣啊！我是大人，他是小孩，怎會一樣？我工作了一天，終於下班了，回到家，本來就要休息。滑滑手機，追追劇，是合理的休閒，我的朋友同事也都這樣啊！

「但小孩還在成長，怎麼可以一直玩電腦、看影片？所以我都會告訴他，不要一直玩電腦，要多看書，但他怎麼講都講不聽，還是抱著平板電腦。而若是我強迫他放下電腦去看書，他就大哭，我實在不知道該怎麼辦才好？」

這樣的爸媽就是「說得一口好教育」，他會告訴孩子要多讀書，但爸媽本人根本不想看書，如果問他爲什麼不看書，他會說各種理由，比如「我又沒有要考試，爲什麼要讀書？」、「我都研究所畢業了，過去讀了很多書，現在不想再讀書了。」、「下班就是要休息，爲什麼還要那麼辛苦的看書？」總而言之，他絕不看書，但不看書的他，還要求小孩看書。而除了不看書之外，他自己也總是玩電腦、滑手機、看影片、打遊戲，他的不言之教是在告訴孩子，電腦才是最好玩的。

各位讀者，你說說，如果你是他的孩子，會有樣學樣？還是接受爸媽的口頭教導，乖乖去讀書？

如果莊子認識這樣的爸媽，應該也會請他讀讀王駘的故事吧！比起說一套、做一套的老師，學生會更信服身體力行的老師，或許老師的口才沒那麼便給，但眞正實踐自己所說之法，就能潛移默化他人。因此，對於這樣的爸媽，莊子或許會建議他們：「如果你不希望孩子一直玩電腦，就放下你自己的手機，帶孩子到公園去玩玩吧！」當大人快樂的帶孩子到公園玩時，大人若開心地跟孩子玩在一起，孩子往往就會受大人影響，開心地玩樂，還可能比大人玩得更開心，這麼一來，孩子也就不會沉迷於電腦了。

而從莊子對於孔子（說法派老師）與王駘（行法派老師）的描述，即可知莊子認爲「做」比「說」更重要，行動勝於理論，比起只是學法，莊子會更建議大家「坐而言不如起而行」、「即知即行」、「知行合一」，不論學到多少修爲方法，只要學習了，就立刻將修爲方法落實於生活中。

有些人在學習過程裡，會希望把所有的道理都學會、想通，才開始實行，比如讀《莊子》，有些人會希望把歷朝歷代大師們的註、解、論述都讀過，確實知道莊子每句話的意思，再開始從生活中落實莊子的教導，但想來莊子會建議他們，學習之後就將法落實於生活中，這才是最切實的學習。

這就像曾有心靈學員告訴我：「老師，你教的方法眞的很有用。我才上過你三堂課，你教我們覺察的方法。前幾天公司的事務機卡紙，有位大哥怒氣沖沖地對我說：『剛是你最後一個用事務機吧！卡紙也不處理，害我們無法影印，還得幫你擦屁股，替你處理卡紙。』

「然而，明明最後使用事務機的就不是我，這如果是以前，我一定會因爲被誤會而委屈又憤怒，因此就很可能跟對方吵架。但那天我聽完那位大哥的話，在心理委屈又憤怒時，想起老師教導的覺察方法，並馬上使用，我發現眞正造成我憤怒的並不是那位大哥，而是我頭腦中對於他話語的解讀，我的解讀是他誤會我並指責我，我因此才憤怒。而當我發現我憤怒的眞正原因是我自己的想法後，我的心就比較安頓了。於是我語氣平和的對那位大哥說：『最後一位使用事務機的不是我耶！不過，如果你急著處理卡紙，我可以幫你！』就在我這麼說之後，那位大哥表情尷尬，連連跟我道歉，一場原本可能發生的衝突也就不見了。」

這位學員才剛上了三堂課就卽知卽行，因而解決了生活中的難題。

我也跟莊子一樣，推崇這樣的學習。學到了好方法，就落實在生活中，讓自己從行住坐臥言談舉止思維中與法合一，就能活出眞正的歡喜自在。

快樂心語

「言教不如身教」，真正能影響別人的，往往不是一個人的嘴巴怎麼說，而是他怎麼做。

06

大宗師

如果造物者把我的左臂變成雞，我就用它來報曉

子輿生病了，子祀前往探望他。子輿說：「造物者也太偉大了，把我變成了現在這副身體彎曲不伸的模樣。」原來子輿生病後，身體完全變形，變得嚴重駝背、五臟的穴位隨著背部而向上、面頰藏在肚臍之中、肩膀高於頭頂、背部的脊椎直指天空。

然而，子輿雖然身形改變，心情卻依然安適，他走到井水邊，看著井水映照的自己，說：「造物者把我變成了現在這副身體彎曲不伸的模樣。」

子祀問子輿：「你會討厭現在自己的模樣嗎？」

子輿說：「不會啊！我幹嘛討厭自己啊？如果造物者再把我的左臂變成公雞，我就拿這隻公雞來報曉；如果造物者把我的右臂變成

彈丸，我就拿這顆彈丸來打貓頭鷹，並把貓頭鷹烤來吃；如果造物者把我的尾椎變成車輪，把我的精神變成馬，我就乘坐自己這匹馬，也就不用再去找別的馬車了。無論造物者把我變成什麼樣，我都接受自己、愛自己，又怎麼會討厭自己呢？」

這則寓言故事出自〈大宗師〉篇，所謂的「大宗師」，就是修練成道之人，以現在的話語來講，即是心靈成長到一定境界的人。心靈成長到一定境界時，人的涵養、能量與想法都會提升。關於「大宗師」的心靈境界，莊子提到的有超越生死，活在當下、內在豐足，自由自在、脫卸煩惱，沒有執著、以及愛自己、悅納自己、肯定自己……等等。

這則寓言故事說的就是大宗師愛自己、悅納自己、肯定自己的心理特質，在這個故事中，子輿生了一場大病，因而身形改變，變成嚴重駝背（子輿罹患的有可能是「脊椎結核病」，因脊椎骨被結核菌破壞，導致脊椎變形而駝背），他的朋友子祀前往探望他，問他會不會討厭自己現在的模樣，子輿很瀟灑地說：「不論我的外貌變成怎樣，我都愛自己、悅納自己、肯定自己，現在的我就是長這個模樣啊！我又何必討厭自己呢？」

莊子老哥，你眞是先知啊！你怎麼不穿越兩千年，過來跟現代人聊聊，現代多的是嫌自己醜、自己胖、自己不上相、自己的顏值身材比不上別人的人，可知現代人可能更需學習愛自己、悅納自己、肯定自己！

因爲現代很多人都對自己的外貌不滿意，因此「美容醫學」（醫美）成爲一種流行，原來「醜」已經成爲一種「病」，因此現代人要用先進的醫學來治「醜」。在我居住的城市，戶外廣告幾乎有一半以上都是醫美診所的廣告，這些廣告都在提醒你，你的臉蛋不夠美、你臉上的斑太多、你的胸部不夠大……，快來治療吧！

愛美是人的天性，嫌惡自己則是負面心態，人可以愛美，卻不必嫌棄自己，一個人不管外貌如何，都不需爲了自己的外貌而自卑。或許子祀看到子輿變成了駝背畸形的人，他覺得不太好看，因此才問子輿會不會討厭自己的模樣，但子輿很自在地說：「我不只接受現在的自己，如果病情再變化，我的外形再繼續改變，我還是接受自己。不管你覺得我好不好看，我都認爲自己長得挺獨特的。」

是啊！人何必爲了自己的長相而自卑呢？

愛自己、悅納自己、肯定自己

現代除了醫美盛行，減重也盛行，因爲社會上的普遍認知，就是美女的身材必須苗條，曲線必須優美。受到這種社會價值觀的影響，許多胖的人都爲了自己的身材而自卑。

從醫學的觀點來看，肥胖跟三高相關，爲了健康，如果體重過重，自然是減重爲宜。但爲了健康而減重可無關身材，以身材而言，人當然可以追求自己認爲更理想的身材，但絕不需要爲了自己的身材而自卑，不管體重多破表，都可以理直氣壯地做自己。

曾經有一陣子，我服務的機構吹起了減重風，起先是某個女同事說，她去某家診所減重，效果奇佳，兩個月瘦了七八公斤，目前還沒復胖。經她這麼一說，多位女同事都開始跟風，她們相約下班後一起搭車到同一間診所，進行減重療程。

不過，雖然有多位女同事加入減重行列，卻也有些女同事興趣缺缺，於是就有加入減重行列的同事遊說：「啊！妳不跟我們一起去減重，難道妳以爲妳很瘦嗎？走啦！一起去減重啦！太胖交不到男友，哪個帥哥會喜歡胖女生？」

或許這位同事說的就是目前社會的普遍認知，在這個標榜窈窕身材的年代，彷彿胖是一種罪惡，甚至還有人說：「如果連自己的體重都管理不好，你還能做好什麼事？」這樣的價值觀造成胖的人都可能嫌棄自己，也會因胖而自卑。

然而，胖並不是一種錯，減重也不是「矯正錯誤」，沒有人需要爲了身材而自責或自卑，莊子會鼓勵大家，不論你長得怎麼樣，都請你愛自己、悅納自己、肯定自己。

我常說，這個世界上會爲了顏值身材而自卑的，應該只有人類，我相信沒有任何一隻蟑螂或蒼蠅會批評自己醜，也沒有任何一隻河馬或犀牛會厭惡自己胖，人類是萬物之靈，但嫌棄起自己來，卻遠遠勝於其他生物，這是何苦來哉。

而除了顏值與身材之外，人們往往還有更多理由可以嫌棄自己。說來跟人比較是人的天性，現在的社會又是一個人與人之間超愛比較的社會，跟人比較之後，如果自認輸給了別人，難免就自覺不夠好，也可能因此自卑。

相信很多人從小都曾被爸媽唸過這樣的話吧？「你看看，隔壁的張阿明那麼認眞，每次數學都考一百分，你呢？你如果有張阿明一半認眞，考出他一半的分數就好了。」、「李阿姨說她生病時，她女兒都會幫忙洗碗，妳呢？妳有做過什麼家事嗎？」

曾有一位神情憂鬱的國小四年級男孩告訴我：「我姊姊的功課很好，每次都考全校的第一名。因爲我姊姊實在是太傑出了，全校老師都認識我姊姊。我的功課普通，每天在學校，都會有老師問我：『妳姊姊那麼優秀，你怎麼不跟姊姊多學學？』聽到這樣的話，我覺得自己很糟糕、也很差勁，在大家心目中，我就是不如姊姊，我的心情常常因此很低落。」

人就是像這樣，常會跟人比較，除了比顏値身材之外，舉凡出身、背景、學業、學歷、工作、收入、年終、職位、社會地位、先生、孩子、房子、車子、甚至旅遊地點、包包品牌、香水品牌，樣樣都能比，如果你不想比，你的父母親朋好友也可能在言談中幫你比，而當你自認不如別人、輸給別人時，你可能就會認爲「我不夠好」，也可能因此自卑。

說個我自己的故事：我是中山醫學大學畢業的，我的學校不是台大之類的頂尖大學，記得從前剛當醫師時，每當有同事或病患問：「你是哪間醫學院畢業的？」我都會有點不好意思的說：「嗯！中山……」我的回答常常有點支吾，因爲我不是頂大醫學大學出身的，這個問題讓我覺得我不如人、不夠好、還有點自卑。

但我後來想想，同事或病患在意的是我的能力與態度，誰會在乎我畢業於哪間醫學大學？別人也不過就是隨口問問，是我自己心生比較，並因此自覺不如人。當我覺知這點時，忍不住笑了出來。

現在若還有人問我是哪間醫學大學畢業的，我一定大聲回答：「中山醫學大學」。

每個人都是獨特的，也都有自己的優點，人不須活在比較中，更不須認爲自己不如人而自卑。就讓我們都來跟隨莊子，學習愛自己、悅納自己、肯定自己，常常對自己說：「我很好」、「我很棒」、「我是獨特的」，當你能肯定自己時，你會更有力量，也更能活出獨樹一格的人生。

快樂心語

不論我的外貌變成怎樣，我都愛自己、悅納自己、肯定自己，現在的我就是長這個模樣啊！我又何必討厭自己呢？

眞人不因活著而喜悅，也不因死亡而恐懼

莊子說：

古時候修練成道的「真人」不會因為活著而喜悅，也不會因為死亡而恐懼，不會歡喜地迎接出生，也不會焦慮地抗拒死去。「真人」可以自由自在地來到人間，也可以自由自在地離開人間。他不會忘記生命的來源，也不會強求靈魂的歸宿，一切順其自然，即使失去生命，也是歡喜地接受，不會執著於生死。這樣的人不會對抗天道與自然，活得瀟灑又自在，因此稱他為「真人」。

問大家一個問題：一個人如果修練成道，他還可能惹到一隻凶惡的狗，並被惡狗追嗎？

還是兇惡的狗看到修練成道的人，都會受其感化，伏首低鳴呢？

相信大家都能推想得到，一個人卽使修練成道，還是有可能被兇惡的狗追吧！

那麼，修練成道跟不經修練的人又有什麼不同呢？

讓我告訴大家，兩者最大的不同並不見得是經歷的事不同，而是面對世事時，修練成道跟不經修練的人會有不同的心境。不經修練的人面對世事，容易緊張、焦慮、恐懼，修練成道的人面對世事，則往往是平靜、自在與喜悅的。

就以莊子提到的「眞人」面對生死的態度來說好了，在這個世上，每個人都會出生，也必定都會死去，就像俗話說的「沒有人能活著離開這個世界」，人生必有一死，然而，並不是每個人都能坦然面對死亡，比如我聽過多位朋友說起死亡焦慮，他們會問：「死亡是不是很痛苦？人死之後又會到哪裡去？眞的有天堂跟地獄嗎？死去之後，是不是就跟在世的家人斷絕了關係？」

有這類死亡焦慮的朋友，往往會從宗教或心靈書籍找答案，然而，宗教的說法有時會令他們更恐懼，比如有些宗教會說好人死後上天堂，壞人死後下地獄，這樣的觀念往往會加深他們的恐懼，因爲他們害怕自己死後會下地獄。至於心靈書籍的說法，則常讓他們半信半疑，比如有些心靈書籍說，人死後會有指導靈來引導剛來到靈界的靈體，或是人死之後，靈體會沐浴在光與愛之中。有死亡焦慮的人們可能會質疑，死後的世界眞有這麼美好嗎？

而以我多年來對宗教典籍與心靈學派的深入涉獵，我可以告訴大家，這世上絕對沒有任何人能說出死後的眞相，目前人們對死後世界最深的認識，也不過就是瀕死經驗。瀕死經驗是人心跳一度停止，也就是醫學認知的死亡，而後又回復心跳，重新活回來。瀕死經驗者會談到人剛死去時經歷的情境，這就是目前人們對死後的世界僅有的認知，至於超過瀕死經驗的死後境況，目前絕對沒有任何書或人能眞實描述。

可知死後的世界對於活著的人來說，就是「未知」。

面對「未知」的死後世界，有死亡焦慮的朋友總是投射恐懼，他們會想像死後的恐怖情境，因而對於死亡越想越害怕。我曾聽某些朋友說起，他一想到自己將來會死亡，就吃不下、睡不著，還可能因此焦慮到身體不適。

然而，同樣是面對「未知」的死後世界，有些人會認爲，管他死後的世界是怎樣，反正死後就會去了，去了再說吧！甚至還可能認爲，管他人有沒有靈魂，死後會不會消失，好好把當下過好就好了，莊子所說的「眞人」對於死亡的想法就是如此。

「眞人」並不是不會死，他不會活著成仙，也不可能洞悉死後的世界，他跟大家都一樣，有朝一日一定會死，也跟大家一樣，對死後的世界完全未知，然而，「眞人」不會執著於生死，也不會恐懼死亡，他對於生死非常豁達，他的內心自由自在，因而可以逍遙的活在人間。

除了沒有死亡焦慮之外，「眞人」也不會有疾病焦慮。

我見過很多有疾病焦慮的人，總是擔心自己生病，尤其是罹患癌症，這樣的人因爲擔心自己罹患癌症還不知道，卽使身體沒有任何不適，一年還是都得檢驗一次以上癌症指數，而若是身體有所不適，他們也總會往癌症想，比如肚子不舒服，就懷疑自己胰臟癌；排便不順，就懷疑自己大腸癌；咳嗽，就懷疑自己肺癌；頭痛，就懷疑自己腦癌。

「眞人」不會讓自己陷入疾病焦慮，而是會信任自己的健康，他會注意養生，但不會老是懷疑自己生病；他或許會在身體不適時檢查或治療，但不會在身體健康時憂心自己哪天會生病。因爲信任自己的健康，他可以更自由自在地做自己想做的事，也能盡情地奔赴自己的夢想。

「眞人」不只不會執著於生死與健康，對於生活中的各種發生，眞人也都有更豁達、更自在的想法。

只有自己的心靈才是永恆的

說個故事，春秋時代的孔子曾經在陳國的邊境被圍困，並因此斷糧。跟隨他的弟子有好幾位都餓到走不動路。

孔子的弟子子路怒氣沖沖地問孔子：「君子也會有窮困潦倒的時候嗎？」

孔子語氣平和的回他：「會啊！君子也會有窮困潦倒的時候，不過，君子窮困潦倒時，內心依然平靜，小人則不同，小人若是窮困潦倒，就可能怨天怨地，還可能爲非作歹。」

孔子所說的「君子」與莊子說的「眞人」類似，都是內心經過修練，有過心靈成長的人。

我常在課堂上問學員：

一個人如果修練成心靈大師，難道他的伴侶就不可能劈腿、外遇、或跟他分手、離婚嗎？

心靈大師的孩子，難道就不可能叛逆嗎？

心靈大師若身在職場，難道就不會跟主管、同事意見不合，甚至考績被打乙等嗎？

相信大家都明白，所有人會發生的事，都可能發生在心靈大師身上。

那麼，心靈大師跟沒有經過心靈成長的人又有什麼不同呢？讓我告訴大家，心靈大師面對生活中的挫折與困境，總能保持內心的平穩安定，因爲他會安頓自己的內心，而不是非要擺平外境不可，他也不會怨天怨地，咒罵外境。

心靈大師（包含經過心靈成長的人）如果發生了情感上的挫折，比如分手或離婚，他會更著重面對自己的沮喪或憤怒，並處理沮喪或憤怒，而不是非要跟伴侶撕破臉，爭個是非對錯不可。

於心靈大師而言，生活中的每一時每一刻，最重要的是經歷自己的想法與情感，他會更對焦於自己的內心，而不是對焦於外境，於他而言，外境是無常、流轉的、轉瞬卽逝的，比起抓住無常的外境，他會更用心穩定自己的內心，因爲他明白，只有自己的心靈才是永恆的。

心靈大師總是觀照自己的內心、安頓自己的內心，因此不論身處任何外境，他都能坦然處之，卽使外境天崩地裂，他依然不動如山，這就是「無入而不自得」。又因爲他的內心寧靜平和，他創造出來的外境往往也都較爲美好，而不論外境美好不美好，他都能優游自在，樂在其中。

心靈大師跟沒有經過心靈成長的人最大的不同就在心理素質，心靈大師豁達、未經心靈成長的人焦慮；心靈大師總在看自己的心，未經心靈成長的人則總在看外境。心理素質不同，生活的品質也就天差地別了。

心靈大師就是莊子說的「眞人」，也是孔子說的「君子」，那麼，你也想成爲心靈豁達，優游自在的「眞人」嗎？那就快來學莊子，享受快意人生吧！

快樂心語

「真人」不會執著於生死，也不會恐懼死亡，他對於生死非常豁達，他的內心自由自在，因而可以逍遙的活在人間。

魚在陸地上總是相濡以沫

泉水乾涸了，魚兒一起被困在陸地上，牠們必須大口呼氣以濕潤對方，也必須用唾沫潤澤對方，牠們深深的需要彼此。與其如此，魚兒們還不如回到江水湖水之中，忘記了彼此，卻能自由自在。

在這個寓言中，莊子用「水中的魚」來寓意內在豐足的人，「陸地上的魚」則是寓意內在匱乏的人。

當一個人內在匱乏時，他會對別人付出，但他的付出都是爲了求取對方的回報，這就像陸地上的魚必須對另一條魚吐口水來滋潤對方，滋潤對方之後，就期待對方也對自己吐口水來滋潤自己。

內在豐足的人則不同，當一個人內在豐足時，他願意對人付出，但他的付出是自己樂於這麼做，而不是爲了求取對方的回報。不求回報的付出讓他很開心，又因為他對對方沒有期待，因此不會跟對方有過多的情感糾葛，這就像水中的魚，自由自在，毫無羈絆。

送過朋友生日禮物吧？如果朋友生日時，你費心挑選，送他一個你認為非常好的生日禮物，那麼，你會不會期待你生日時，他也同樣用心，送你一個讓你驚喜的生日禮物？

而若是在你生日那天，他沒有送你生日禮物，或是沒有送你等值的生日禮物，又或者他完全忘記你的生日，你會不會生氣？又會不會覺得這個朋友沒有把你放在心上，不值得來往？

如果你有這樣的想法，你跟你的朋友就是跟陸地上的魚一樣，互相吐口水（相濡以沫），你需要他的沫（嗯！口水）來讓你滋潤，因此你先給他一口沫，也期待他回饋你一口沫。而若是你給了他一口沫，他卻沒有回饋，這個朋友就是負心的朋友，你也就是真心換絕情了。

對人付出之後，如果期待對方的回饋，心就被對方羈絆，也就不自在了。因為要不要付出在於自己，要不要回饋則在於對方。當一個人付出之後，若是非要別人回饋不可，他的情緒也就隨著別人而起伏了。

我常常聽聞類似這樣的說法：一位女性朋友說：「兒子中學時我就離婚了，離婚後我跟兒子相依爲命，爲了讓兒子安心成長，我不曾交過男朋友，也不曾有過再婚的念頭。

「離婚後兒子沒有爸爸，但我相信我一定能讓他比有爸爸更幸福，因此，從小不論衣服或用品，我都給他最好的。爲了增強他的實力，我也都幫他找最好的補習班，以及最熱門的才藝班。我一定盡我的能力，讓他過最好的生活。

「現在他快三十歲了，前兩年工作不太順，他告訴我想創業，我心想，他的個性如果不適合上班，自己創業也不錯，於是我給他一百萬，支持他開一家火鍋店。我的存款並不是很多，但爲了他，我願意投資。

「讓我傷心又難過的是，去年他交了女朋友。自從有女朋友之後，他彷彿變了一個人，從前喜歡待在家裡，跟我聊天的他，現在假日常常跟女友約會，有時我想跟他吃個晚餐，他總說他已經跟女友約好了，要我自己吃。

「他有時會買禮物送給女友，我看了也是很不舒服，想想我在他身上花了那麼多金錢與心思，他又何曾送過我什麼？他跟女友認識還不到一年，但他對女友顯然比對我好太多了，我想他應該完全沒把我放在心上吧？

「現在看著兒子，我常常很爲自己不值，我這輩子的心血幾乎都花在他身上了，但他呢？或許他覺得我的付出都是理所當然的吧？早知道他現在會變成這樣，從前的我眞應該多爲自己想想，對自己好一點。」

這位媽媽顯然是希望跟兒子相濡以沫，然而，她吐沫給兒子吐了一生，兒子卻沒有如她所願，還之以沫，媽媽因此痛苦又難過，她感覺自己對兒子那麼好，爲兒子付出那麼多，卻被兒子辜負了。

這位媽媽的親子觀就是用犧牲自己來交換兒子的回饋，這是心靈匱乏的人常有的想法，當一個人心靈匱乏時，會希望從別人那兒得到溫暖與愛，爲了得到溫暖與愛，他願意犧牲自己來交換，而若是犧牲之後，沒有交換到自己想要的溫暖與愛，他就會憤怒或難過。

享受純粹付出的快樂

這就像我聽過的一些抱怨：

某個男人說：「我每天在外面工作，賺錢給全家人花。我這麼辛苦，要求每天下班後，老婆幫我準備一桌熱騰騰的晚餐，這應該不爲過吧？」

某個女人說：「我是家庭主婦，每天都得做很多家事，眞可說比上班還累。我付出這麼多，母親節那天，我要求老公送我貴一點的禮物，應該很合理吧！」

某個媽媽說：「我花了那麼多錢，送我兒子去最貴的補習班，他理當要更用功讀書，成績進步，讓我安心，不然對得起我嗎？」

諸如以上的說法，都是用犧牲自己來交換別人的回饋，而當一個人總想交換別人的回饋時，他的心情就很難快樂了，因爲別人若是沒有回饋，他固然憤怒或難過，而若是別人回饋了，卻沒達到他的預期，他還是可能憤怒又難過。

對別人付出，就期待別人的回饋，這是相濡以沫，也是心靈匱乏者常有的心思，莊子說與其要這樣，還不如讓自己的心靈豐足，就像魚游在水中一樣。當一個人心靈豐足時，他的付出就不再是爲了求取他人的回饋，而是純粹的付出，純粹的付出沒有期待，也不求回報，因而能讓人感覺對人付出的純粹快樂。

這就像俗語說的「爲善常樂」，比如人們常說的善行「扶老婆婆過馬路」，相信若有人扶老婆婆過馬路，應該不會期待老婆婆的回饋吧！扶老婆婆過馬路就是純粹的行善，在行善的當下，心就自然地滿足又快樂了，這就是行善的快樂。

也有些人喜歡捐款助人，當自己能付出金錢或力量，爲弱勢團體盡一份心力時，自己也會感覺快樂。相信大多數人捐款並不會期待受捐款者的回饋。可知捐款也是不求回報，純粹付出的快樂。

越是純粹付出，不期待回報的人，心靈越豐足，這樣的人就是江中湖中的魚，永遠有取之不盡，用之不竭的水，因此不須乾巴巴的渴求另一條魚的口水，也不須用自己的口水去交換另一條魚的口水，又因爲沒有期待，他不會跟另一條魚糾結在一起，因此他自由自在，恣意去來。

那麼，你也想成爲純粹付出，不求回報的人嗎？或許你沒機會扶老婆婆過馬路，也沒有充裕的金錢可以捐款，但你要相信，你的心靈一定是豐足的，你有滿滿的愛，也可以給出滿滿的愛。

我會建議你，如果你想在生活中享受純粹付出的快樂，你可以多感恩、多讚美、多祝福你身邊的每一個人，這就是豐足的你隨時可以給出的愛。

請你把你的感恩說出口，感恩你身邊每一個對你好的人，也感恩命運，讓你跟有緣人能在此生相遇。

請你把對人的讚美說出口，看見你身邊每一個人的優點，讚美他，也看見這個世界的優點，讚美世界。

請你把你的祝福說出口，祝福你身邊每一個人，願他們都越來越美好，也祝福這個世界，願世界越來越美好。

當你常常感恩、讚美、祝福每個人與每件事時，你會發現你的內心滿盈著愛，你是富足的，你就是游在江水湖水中的魚，徜徉在愛與感動中，這樣的你一定能擁有最豐足、也最快樂的人生。

快樂心語

當一個人心靈豐足時，他的付出就不再是為了求取他人的回饋，而是純粹的付出，純粹的付出沒有期待，也不求回報，因而能讓人感覺對人付出的純粹快樂。

神奇的道

道，雖然看不見也摸不著，卻是真實存在的，它只可意會不可言傳，在還沒有天地宇宙之前，道就已經存在，因為有道，神與鬼才能化生出蒼天與大地。道比天還高、比地還深，它比上古還古老，至今卻仍充滿青春的朝氣。

豨韋氏得到了道，因而能統御天地；伏羲氏得到了道，因而能調和元氣；北斗星得到了道，因而方位永無偏差；日月得到了道，因而能運行不息；堪坏得到了道，因而能入主崑崙山；馮夷得到了道，因而能暢遊黃河；肩吾得到了道，因而能安居泰山；黃帝得到了道，因而能登上雲天；顓頊得到了道，因而能安居玄宮；西王母得到了道，因而能超越生死；彭祖得到了道，因而能長命百歲；傅說得到了道，因而能輔佐武丁，治理天下。

那麼，如果是你得到了「道」，你想成爲什麼？又想完成什麼夢想？「道」可不是虛無縹緲的東西，而是滿盈天地宇宙的能量。你看不見也摸不著那股能量，但請你相信，它是存在的，只要你用心感受，一定能覺知到它。

就以人的身體來說好了，很多人都說身體是機器，用久了就會壞，但我想大家都知道，身體可不像手機，出生時是一百趴（100%）的電，隨著每一天的使用，電力越來越少，趴數越來越低，人也越來越委靡，而是在每一天睡醒時，人又自動回復了一百趴的電，精神飽滿，充滿活力。

那麼，人是怎麼在睡眠中回復精神的？這就是因爲天地間有「道」，「道」是宇宙中那股冥冥的力量，當人睡眠時，「道」會自然的將能量灌注到人的身體，於是人在一覺醒來後，就會充滿精神與活力。

「道」除了能爲人補充能量之外，還能療癒疾病，相信大家都有過身體不適的經驗，那麼，請問你，當你頭痛、感冒、腸胃不適、或有其他病痛時，你會想做什麼？我想大多數人除了就醫之外，應該都會想好好睡一覺。

這是因爲人在睡覺時，「道」會將能量灌注到身體中，於是身體的自癒力就會啓動，因而一覺醒來，病痛很可能就好了大半，甚至不藥而癒了。

我有多次關節疼痛都是在睡眠中自動療癒的，因爲我明白宇宙中有「道」，也知道可以援引「道」來治療身體，因此關節疼痛時，我大多不會吃藥，而是好好去睡一覺，我會在睡覺前暗示自己：「明天睡醒時，我的關節疼痛就會痊癒。」我的暗示就是在導引「道」來療癒我。說來眞的很奇妙，有幾次我的腳踝關節腫痛，寸步難行，我都是在睡前導引「道」來療癒我，一覺醒來之後，踝關節腫痛全消，走路也完全如常，可知「道」眞的是最好的醫師。

啟動「吸引力法則」，運用「道」來實現夢想

「道」的能量不只可以讓身體精神飽滿以及療癒疾病，還可以讓有緣份的人互相吸引，大家應該聽過「有緣千里來相會，無緣相見不相識」這句話吧！「道」就像月老的紅線，它會在冥冥之中讓兩個有緣份的人邂逅，並可能相伴一生。

我曾聽多位女性朋友談起婚姻，她們都有類似這樣的說法：「我會跟我先生結婚應該是命中註定的，我們是同辦公室同事（或是同班同學、或一起去登山、或是在網路上連結上了彼此），我跟他很談得來，後來就結婚了，想想這眞的是緣分，彷彿冥冥中有股力量把我跟他連結在一起，不然怎麼會這麼巧，我剛好就遇見他？」

除了婚姻，人還有各式各樣的關係，比如朋友、同學、同事……等關係，每一種關係都來自緣分，用現代的心靈成長的話語來說，就是「你所認識的每一個人，都是被你吸引來的」，這個稱之爲「緣分」的吸引

力量就是「道」。

「道」可以療癒身體，也可以創造緣分，還可以為人實現夢想，這股天地間的能量可說無所不能。

心靈成長有個詞語叫「吸引力法則」，所謂的「吸引力法則」，就是當一個人許下心願，有了明確的目標，不論目標是財富、健康、或戀人，只要他順隨目標來行動，宇宙必將傾其全力幫助他，讓他把渴望的目標吸引過來。當代說的「宇宙的力量」就是莊子說的「道」。

莊子說黃帝得到了道，因而能登上雲天；顓頊得到了道，因而能安居玄宮；西王母得到了道，因而能超越生死，換成心靈成長的話語，就是黃帝運用吸引力法則，因而能登上雲天；顓頊運用吸引力法則，因而能安居玄宮；西王母運用吸引力法則，因而能超越生死，

每個人的夢想都不同，但只要運用吸引力法則，「道」都能幫助他實現夢想，比如狶韋氏希望當成功的政治人物，「道」就促成他統御天地；彭祖希望身強體健，「道」就促成他長命百歲；黃帝希望修練成仙，「道」

就促成他登上雲天；堪坏希望隱居山林，「道」就促成他長住崑崙山。只要一個人有明確的夢想，「道」就會啓動吸引力法則，讓他實現夢想。

要啓動「吸引力法則」，運用「道」來實現夢想是有方法的，你可以依照以下三個步驟來啓動「吸引力法則」：

步驟一：明確的說出你的夢想：這就是「向宇宙下訂單」，不論你想要什麼，財富也好、健康也好、戀人也好，都請你明確的說出來，有了明確的目標，就是向宇宙下了訂單，也是給了「道」明確的方向，你將能援引「道」來幫助你實現夢想。

步驟二：順隨你的夢想去行動：有句話說「行動是最好的冥想」，當你行動時，你就是爲了夢想付出與投資，這將讓你更堅信你的夢想會實現，你的夢想也將因此更眞確。

步驟三：歡喜地接受創造成果，並感謝「道」：越歡喜地接收成果，表示你越眞心熱愛你的夢想。而在你因爲豐碩的成果而感恩「道」、讚美「道」時，你會吸引更多宇宙的能量灌注你，你也將完成更多夢想。

因爲熟練「吸引力法則」，我的人生有不可勝數的成功經驗，我就以創造這本書爲例吧！

因爲從小喜歡《莊子》、熟讀《莊子》，在成爲心靈老師多年之後，我一直有個夢想，就是用現代的心靈成長觀念來導讀《莊子》，讓讀者們從古老的《莊子》讀出新穎的心靈智慧，於是我訂下目標，要來創作這本《莊子快樂學》。

確定目標，就是向宇宙下訂單，而後我開始寫作，靈感就源源不絕流進我的大腦，我知道「道」的力量啓動了，「道」化成了靈感，出現在我的大腦，於是每當靈感浮現時，我就趕快進行創作。

「道」除了助我創作此書之外，也促成了此書的出版，就在我談到我正在創作此書時，剛好芯樂出版社成立，芯樂出版社樂意以我這本書爲他們的開山扛鼎之作，陳俐安小姐領導的出版團隊爲這本書精心編輯，屢屢獲獎的青年設計師崔皓鈞擔任此書美編，團隊群策群力，創作出這本精美的書。我常說「一件事的成功不是因爲一個人，而是因爲一個團隊」，我很感恩「道」連結起我跟芯樂團隊的緣分。

當我看到這本書的成品時，眞的非常快樂，快樂的感覺讓我又有了繼續創造的動力，我感恩「道」、讚美「道」，感恩與讚美讓我更信任自己、信任「道」，也讓我決定繼續使用「吸引力法則」，實現更多夢想。

如果莊子知道我創造了這本書，說不定會說：狶韋氏得到了道，因而能統御天地；伏羲氏得到了道，因而能調和元氣；王怡仁得到了道，因而創作出《莊子快樂學》。

「道」就是這麼神奇、這麼妙不可言，因此，我會鼓勵大家都來活用「吸引力法則」，也都來運用「道」，創造精彩豐富的人生。

快樂心語

「道」可不是虛無縹緲的東西，而是滿盈天地宇宙的能量。你看不見也摸不著那股能量，但請你相信，它是存在的，只要你用心感受，一定能覺知到它。

女偊的年輕秘訣

南伯子葵問女偊：「你明明就是個大叔，年齡也不小了，為什麼看起來還那麼年輕？」女偊說：「這是因為我有聽聞『道』啊！」

南伯子葵說：「那我也想學道，讓自己變年輕，道要怎麼學呢？」

女偊說：「我曾經教導卜梁倚聖人之道，才教導了他三天，他就遺忘了天下；我又繼續教導他七天，他就遺忘了外境的事物；我再繼續教導了他九天，他就遺忘了自己。當他遺忘了自己時，心境即是一片明徹；心境明徹之後，他就有了獨特的智慧；有了獨特的智慧，他就破除了過去現在與未來的分別；破除了過去現在與未來的分別，他就超越了生死；超越了生死，他就進入了道。道能讓人從紛擾回歸寧靜，因而能讓人常保青春。」

如果妳是熟齡女性，妳喜歡小朋友稱呼妳「阿姨」還是「姐姐」？如果你是熟齡男性，你喜歡小朋友稱呼你「阿伯」還是「哥哥」？

人的年齡會隨著每時每刻不斷的增長，這是不會改變的事實，但即使年齡增長了，大多數人還是希望被說「你看起來好年輕」，年齡越大，「你看起來好年輕」這句話聽起來就越讓人歡喜。

俗語說：「逢人減歲，遇物加錢」是讚美人的原則，「遇物加錢」的意思就是猜別人的物品價錢時，盡量說貴一點，比如看到朋友穿著一雙新靴子，如果你知道這雙靴子的價格大約五千元，就對她說：「哇！這雙靴子看起來好有質感喔！應該要兩萬元吧！」至於「逢人減歲」的意思就是猜別人的年齡時，盡量說年輕一點，比如看到一位女性，如果你估量她大約五十歲上下，就對她說：「哇！妳看起來好年輕喔！應該不到四十歲吧！」

大多數人都喜歡被說年輕，自古以來都是這樣，因此「青春永駐」

是一句祝賀語，不過，確實隨著年齡增長，每個人的外貌變化都不同，以同樣的年齡來說，有些人看起來就是比較老氣，有些人則是看起來比較年輕。

我相信大多數人應該不只是希望得到「逢人減歲」的恭維，而是真的想看起來年輕吧！那麼，人有沒有可能真的「青春永駐」，對於別人來說，「歲月是把殺豬刀」，他的歲月則沒有在臉上身上留下太多痕跡呢？

莊子的這則寓言就是要告訴大家「青春永駐」的秘訣，在這個故事中，南伯子葵問女偊是怎麼保持年輕的，女偊說他曾教導卜梁倚青春之術（故事中的「聖人之道」），這個方法讓卜梁倚先遺忘了天下、再遺忘了外境的事物，最後遺忘了自己，而且還讓他破除了過去現在與未來的分別，並超越了生死，當卜梁倚有這樣的心境與智慧時，他的心常保寧靜，外貌也就能永保青春。

如果你看不懂莊子的意思，就讓我用現代人的話語說給你聽。

有人說世界上的事可以概分成三件事，第一件事是「自己的事」，比如自己今天上班遇到了什麼難題，這就是自己的事；第二件事是「別人的事」，比如今天上班時，同事老蘇對我講話很不禮貌，我揣測他爲什麼態度這麼差，這就是別人的事；第三件事是「老天爺的事」，比如明天會不會下大雨，這就是老天爺的事。

女偊說的「青春之術」就是請你慢慢練習，從不要爲了「老天爺的事」煩惱（遺忘了天下），到不要爲了「別人的事」煩惱（遺忘了外境的事物），進而不要爲了「自己的事」煩惱（遺忘了自己）。此外，也請你不要焦慮未來、懊惱過去（破除了過去現在與未來的分別），還要請你看淡生死，活在當下，當你能這麼做時，你的煩惱就會漸漸減少、焦慮會漸漸減輕、快樂則會漸漸增多，你的能量將從沉重轉爲輕盈，心靈則會散發出青春的朝氣，外貌也就自然地年輕了。

快樂是最好的青春露，夢想則是最強的凍齡術

煩惱跟焦慮是造成人外貌快速衰老的眞正原因，唐朝詩人李白的詩說：「感此傷妾心，坐愁紅顏老」，意思就是憂愁會讓人快速老化，憂愁卽是煩惱，可見外貌眞正的殺豬刀並不是歲月，而是煩惱與焦慮。煩惱是心境，焦慮則是情緒，煩惱跟焦慮就像麻花，總是相伴相生。一個人若是常常煩惱跟焦慮，一定老得特別快，因此人若是想常保青春，就必須消除煩惱跟焦慮。

很多人不僅希望常保青春，還希望凍齡或逆齡，那麼，我要告訴大家，如果希望青春永駐，甚至凍齡或逆齡，除了消融煩惱跟焦慮之外，還要內心常常快樂，熱情奔赴夢想。我常說「快樂」是最好的青春露，「夢想」則是最強的凍齡術。一個人若是內心常常快樂，常常笑開懷，而且總是活在夢想中，很會安排自己的生活，創造自己的成就感與滿足感，他的外貌一定會比同年齡的人看起來更年輕，這是因爲他常保年輕的心，

年輕的心顯現出來的，就是年輕的外貌。

消除煩惱能讓外貌顯得年輕，那麼，要怎麼消除煩惱呢？就讓我來教導大家「破煩惱、除焦慮」的五個妙招吧！

第一招：煩惱未來，就告訴自己「眞的發生再說吧！」：有位朋友罹患了癌症，已經準備化療，卻一直擔心化療會有副作用，也擔心化療掉髮會影響她的美貌。另有一位朋友因爲孩子瘦小，常常擔心他到學校會被霸凌。關於這些想像出來的未來煩惱，我一向都會說：「眞的發生再說吧！何必提前煩惱？」

第二招：煩惱他人，就告訴自己「干我啥事（關我屁事）」：有位朋友談到，她某位好朋友罹患子宮肌腺症，醫生建議開刀，她勸那位好朋友不要急著開刀，但那位朋友不聽勸，決定照醫師的建議開刀，她因此覺得很不安，很想再改變那位朋友的想法。她跟我談起這件事，我告訴她：「那是別人的事，她有自己的決定權，到底干妳什麼事？」

第三招：煩惱現在，就告訴自己「一切都是最好的安排」：比如全家出門旅遊，卻遇上大塞車，想到好好的旅程被嚴重拖延，心裡非常煩躁，這時可以告訴自己：「這一切都是最好的安排，平常全家人也沒什麼時間聊天，剛好可以利用塞車的時間聊聊天。」轉個念，將負面思想翻轉爲正面思想，煩惱往往就消失了。

第四招：懊惱過去，就告訴自己「當時的我已經做出了最好的選擇」：有位朋友在她母親突然心肌梗塞過世後，陷入懊惱中，她老是在想，如果在母親心肌梗塞前可以更警覺，早點發現、早點送醫就好了。我告訴她：「就算讓妳重來一次，以妳當時的判斷，還是不會將她提早送醫。既然如此，妳就是以當時的自己做出了最好的選擇，那又何必懊惱呢？」

第五招：告訴自己「我的人間之行，是來體驗這個世界的，因此經驗什麼事都可以。」：如果想要完美的處理身上發生的每一件事，能力再強的人都做不到，因此就會煩惱。但若換個心態，告訴自己：「我就是來體驗這個世界的，經驗什麼事都可以。」內心就會比較輕鬆，也就不會那麼煩惱了。

如果能善用這五個妙招，煩惱一定會漸漸變少，女偶說的青春之道就是破除煩惱，煩惱破除之後，人的外貌就會比較年輕。

破除煩惱之後，內心會越來越明徹，而若是能再培養快樂的心靈，以及熱情追求夢想，就能活出青春與活力，外貌也將顯得更年輕。

在我的醫療門診及心靈課程中，常有我的病患或學員告訴我：「怡仁醫師，你看起來好年輕。」不管是不是恭維，這樣的話聽起來都讓人很開心。而若是我看起來年輕是眞的，就讓我來分享如何保持青春的方法，也就是前述的「破煩惱、除焦慮」五個妙招，再加上常保快樂的心，以及熱情追求夢想。

祝福大家不論現在幾歲，都能擁有年輕的心、年輕的熱情以及年輕的外貌，活出最青春喜樂的人生。

快樂心語

破除煩惱之後，內心會越來越明徹，而若是能再培養快樂的心靈，以及熱情追求夢想，就能活出青春與活力，外貌也將顯得更年輕。

顏回坐忘

顏回對孔子說，他希望有更好的方法可以影響衛國國君，孔子告訴他：「你可以做齋事啊！」顏回說：「我家很窮，我沒喝酒、沒吃肉，已經好幾個月了，做齋事期間不能飲酒吃肉，那麼，我這樣算是做過齋事嗎？」孔子說：「戒飲酒、戒吃肉都是祭祀的齋事，不是『心齋』，我要請你做的是『心齋』。」

顏回問：「什麼叫『心齋』？」孔子說：「你放下雜念，專一心志，不要用耳朵去聽，而是要用思維去體驗，甚至也不是用思維去體驗，而是用心靈去感應。當你能用心靈去感應天地宇宙時，你就做到了『心齋』。」

所謂的「心齋」，就是俗稱的「靜心」或「靜坐」（不得不說，莊子的「心齋」這詞眞的很優美）。《莊子》一書中有兩段關於心齋的知名故事，這兩段故事分別是〈人間世〉篇的「顏回心齋」，以及〈大宗師〉篇的「顏回坐忘」。

上述這段就是「顏回心齋」的故事，至於「顏回坐忘」的故事則是：

在顏回練習心齋之後，有一天，他對孔子說：「我進步了！」孔子問他：「怎麼說呢？」顏回說：「我忘掉仁義了。」孔子說：「還不錯，但還沒達到最高境界。」

過了幾天，顏回又來見孔子，對孔子說：「我又進步了。」孔子問他：「怎麼說呢？」顏回說：「我忘掉禮樂了。」孔子說：「還不錯，但還沒達到最高境界。」

又過了幾天，顏回又來見孔子，對孔子說：「我又進步了。」孔子問他：「怎麼說呢？」顏回說：「我坐忘了。」

孔子聞言，大吃一驚，問：「什麼叫『坐忘』？」

顏回說：「我忘記了身體，也停止了思想，身體與思想全都放下，心靈與天地宇宙合一，這就是『坐忘』。」

孔子說：「與天地合一就沒有喜歡與厭惡的分別心，順應天地的變化就沒有執著心，你真的是賢者啊！我孔丘也要來跟隨你學習了！」

相信有過靜心（靜坐）的朋友，看過莊子所說的「心齋」與「坐忘」，都會會心一笑吧！因爲莊子說的眞是太傳神了。

莊子所謂的「心齋」（靜心），即是一個人放下雜念，專一心志，大多數人專一心志時，都是對焦在丹田或呼吸，在呼吸的一呼一吸之間，思緒漸漸沉澱，而後卽漸漸進入純粹心靈的感受。

人都習慣思考，雜念並不是說放下就能放下的，當人專一心志的對焦在丹田或呼吸時，雜念還是會自然的從頭腦中冒出來。於顏回而言，當他進行心齋時，起先會常常浮現的是關於仁義的想法，後來他的雜念漸漸沉澱，關於仁義的想法就不再浮現了。而後常常浮現的是關於禮樂的想法，後來他的雜念漸漸沉澱，關於禮樂的想法也就不再浮現了。

而當所有的雜念都不再浮現時，顏回就進入了「空」的狀態，這就是顏回說的「坐忘」。「坐忘」是一種與天地合一的心靈狀態，也是非常高階的心齋境界。因此，孔子聽聞顏回達到了這樣的狀態，立卽讚美顏回，說他也要跟隨顏回學習心齋。

心齋是一個人回歸自己內心的過程，人在心齋時，會屏除外境，自己跟自己的心相處。經由心齋，雜念將漸漸去除，思慮漸漸清明、能量漸漸清淨穩定、身體也漸漸靈活健康。

因爲心齋（靜心）能讓人心靈平靜、身體健康，自古以來，華人的宗教信仰與內在修練幾乎都離不開靜心。相信大家都看過武俠小說或武俠影視吧！大俠們修息內功，方法之一也是靜心，而當大俠們受傷時，若想自己療傷，也都會盤坐靜心，可見人們普遍認爲，靜心能讓能量更穩定、身體更健康、還可以療癒疾病。

練習「心齋」，體驗美好的「坐忘」經驗

那麼，你想不想像顏回一樣，練習心齋，體驗妙不可言的「坐忘」呢？如果你想練習心齋，就請你這麼做：請你換上寬鬆的衣服，找一間既安靜又空氣流通的房間，靜坐下來，將手機關機或切換成飛航模式，以免干擾你靜心。

你可以盤腿坐，單盤坐、雙盤坐都可以、也可以採取任何能讓你坐得端正又舒服的坐姿。如果盤坐讓你不適，你也可以坐在椅子上。坐定之後，就請你放鬆身心，兩眼微睜，下顎略收，舌尖微抵上顎，雙臂自然下垂，背部自然平直，這個姿勢能讓你感覺最舒服。

接下來，你可以進行自我暗示，讓你的身體放鬆。

你可以從頭部開始，依以下順序對自己說：「頭部——放鬆；頸部——放鬆；肩膀——放鬆；胸部——放鬆；腰腹部——放鬆；臀部——放鬆；雙手——放

鬆；雙腳—放鬆；全身細胞—放鬆；頭腦—放空——」你暗示哪個部位，就把意識的焦點放在那個部位，漸漸的，你的身體就全然放鬆了。

接下來，請你進行「數息」，讓你的心靜下來。

數息的方法是：將意識的焦點集中到你的呼吸，讓呼吸慢慢加長、加深。接著，你可以將意識的焦點對準鼻尖，從鼻尖感覺呼吸的一進一出，再順著每一呼或每一吸數「一、二、三、四、五、六、七、八、九、十」，數到十後，再從一到十，周而復始重複地數鼻息，漸漸地，呼吸就會轉成柔細綿長。

除了將意識的焦點對準鼻尖外，你也可以對焦於丹田或胸口，總而言之，只要將意識的焦點從頭腦的思想轉移開，心就會慢慢地靜下來。

照著以上的方法練習，你就會漸漸進入靜心，而當你的心越來越靜、越來越空時，你將會像顏回說的，身體與思想全都放下，這時的你就自然的不會再數息了。因爲在靜心時，頭腦是放空的，放空的頭腦不會有思想，而既然沒有思想，也就不會再從一數到十了。若能進入這樣的狀態，你會覺得你彷彿跟天地宇宙融成了一體，這就是「坐忘」。

在這樣的「坐忘」狀態中，有些人會有一些不可言喻的神祕體驗，比如有些人會看到光，也有些人會感覺身體正在飄浮，還有些人會見到一些美好的幻象（比如見到宗教的神明或導師），這些神秘體驗因人而異，但都非常殊勝奇妙。

不過，大多數人並不是一開始練習靜心就能進入「坐忘」狀態。很多人在靜心的過程中，都會發生雜念不斷的狀況，比如有些人白天在公司跟主管有所衝突，晚上靜心時，雖然盡可能將意識的焦點對焦在呼吸，頭腦還是不斷浮現跟主管衝突的畫面，而且還會衍生出各種跟主管衝突的想法，並伴隨憤怒、焦慮……等負面情緒。

有些朋友因此會問我：「如果我靜心時雜念不斷，是不是表示我沒有靜心的資質，不需要再練習靜心了？」

我會告訴他：「並不是如此，這是練習靜心常見的過程，在靜心時自然冒出來的雜念，很可能是你平常壓抑或忽略的思想與情緒，比如靜心時如果浮現跟主管衝突的想法或畫面，有可能那些思想與情緒本來就充斥你的大腦，只是你工作比較忙時，那些思想與情緒被壓抑或忽略，而到了靜心的時候，因爲不再壓抑，想法與情緒就自然地冒出來，成爲雜念，因此你會覺得雜念紛至沓來。

「如果你要減少雜念，並不須壓抑雜念，而是要在雜念浮現時看著雜念，並將意識的焦點再次拉回呼吸，久而久之，你就會發現雜念越來越少，你的心也會越來越平靜。」

滌清雜念的過程會讓人思緒越來越少，顏回在心齋的過程中，先是放下了仁義相關的雜念，而後放下了禮樂相關的雜念。或許經過練習，你也會這麼說：「原本我做心齋的練習時，都會浮現我跟主管有所衝突的雜念，但經過持續的練習，我發現我在靜心時，跟主管衝突的雜念越來越少，甚至跟主管相關的思維也都不再浮現了，彷彿在靜心時，主管已經被我徹底遺忘了。」如果是這樣，你也就是進入了「坐忘」。

「心齋」可以安住你的心，讓你身體健康，因此，我非常鼓勵大家都來練習心齋，也都來體驗美好的「坐忘」經驗。

快樂心語

心齋是一個人回歸自己內心的過程，人在心齋時，會屏除外境，自己跟自己的心相處。經由心齋，雜念將漸漸去除，思慮漸漸清明、能量漸漸清淨穩定、身體也漸漸靈活健康。

渾沌一開竅就掛了

南海的帝王名叫儵，北海的帝王名叫忽，中央的帝王名叫渾沌。儵與忽常到中央與渾沌相聚，渾沌總是熱情款待他倆。儵與忽決定報答渾沌，他倆說：「人都有七竅，用來看、聽、飲食與呼吸，只有渾沌沒有七竅，我們就來幫他打開七竅吧！」

於是他倆一天幫渾沌開一竅，連續開七天，七天後七竅全開，渾沌竟然就死了。

咦！渾沌原本是個沒有五官的「無臉男」，那也太可怕了吧！而且他如果沒有五官，又是怎麼跟儵與忽聚會的？這會不會太詭異？

好啦！這只是莊子說的寓言故事，他說渾沌原本臉上沒有五官，無法接收外境的色聲香味觸等訊息，儵與忽這兩位哥兒們決定要讓渾沌當個

「正常人」，於是在他的臉上鑿出七個竅，也就是打開了他的眼耳鼻舌身五官。

豈料原本沒有七竅的渾沌居然在開竅後，馬上就死掉了。

渾沌並不是原本沒嘴巴，打開嘴巴這一竅後，就吃到撐死；也不是原本沒眼睛，打開眼睛這兩竅後，就徹夜打電玩，玩到休克。莊子的寓言是要告訴大家，當渾沌開始會用七竅來看、聽、聞、說之後，他就跟外境產生了連結。但凡他所看、所聽、所聞、所接觸的事物，都會在他的頭腦產生解讀，頭腦中有他的人性，於是他的人性就被激發出來，他也就因人性的痛苦而致死了。

舉個例子：相信沒有人從小就會買賣股票吧！很多人甚至終其一生都不曾買賣過股票。會買賣股票的人大多是開始賺錢之後，經由他人教導，才開始學習買賣股票。

對於不會買賣股票的人來說，就像沒有七竅的渾沌，完全不明白股票的世界，而若是他的朋友教他怎麼買賣股票，他就像七竅被打開的渾沌，從此以後，他就會買賣股票了，但買賣股票也就影響了他的情緒。

我曾有位門診個案來就診，他告訴我：「我上週買了兩支同樣的股票，每支買價是九百多塊，也就是九十幾萬，兩支總共約兩百萬，我原本評估市場走向，以爲會漲到一千塊以上，我就可以大賺一筆。想不到自從我買了之後，股價就開始下跌，連續跌了五天，跌了一百多塊，我已經損失近二十萬元了。

「我所有的存款都拿來投資這支股票了，很擔心這支股票還會再跌，這幾天我都焦慮到睡不著，因此想請醫師幫我開安眠藥，不然我眞的好痛苦。」

這位個案像不像被開竅後的渾沌？原本沒被開竅，不懂股票的他，不會因爲股票而痛苦，現在被開了竅，進行股票投資買賣，一顆心懸在股票的數字，深怕自己會賠錢，因此焦慮、緊張、煩悶不已。

那麼，難道「不開竅」就比較好嗎？如果渾沌永遠不開竅，是不是就能無憂無慮過一生？如果我這位個案從來沒學過買賣股票，是不是此生就都不會因爲股票賠錢而痛苦，也就可以優哉游哉過一生？

莊子的意思可不是如此，渾沌的痛苦並不是來自於開竅，而是來自於他的心。

「開竅」眞的會致死嗎？那可不是，如果開竅會致死，儵與忽又怎麼活得好好的？儵與忽也都五官齊備、七竅全開啊！他倆一定是認爲有七竅的人生會更好，才會好心的幫渾沌開七竅。可知決定一個人痛苦不痛苦的，並不在於他有沒有七竅，也就是不在於他能否看見什麼或聽見什麼，而是在於他看見什麼或聽見什麼之後的想法與心情，心情來自於對事情的解讀，解讀出自思想，可知思想才是痛苦眞正的原因。

看見思想、調整思想、翻轉思想

再說個故事：有位年輕女性朋友一直希望自己有個有夫有子的甜蜜家庭，她認爲有先生孩子相伴，人生一定很幸福，因此對婚姻充滿了憧憬。

她曾向許多朋友談過她的想法，很多朋友都告訴她，婚姻生活不是她想的那麼美好，有些已婚的女性朋友還會以過來人的經驗告訴她，沒結婚比較自在。然而，那時的這位女性朋友就像還沒開竅的渾沌，還不清楚眞實的婚姻生活，因此依然充滿了期待。

沒多久之後，她在網路上認識了一位年齡相仿的男生，兩人交往三個月後，意外懷孕，也就結婚了。她如其所願，擁有了一個有夫有子的家庭，但同時也有了公公婆婆。

婚後她們還沒買房子，得先跟公婆同住。她先生在外縣市工作，只有週六週日才能回家，她因此既得自己帶孩子，又得學習跟公婆相處。雖然孩子很可愛，她也覺得跟孩子相處很快樂，但孩子半夜都會起床喝奶，使得她白天工作常常精神不濟。上班前她會把孩子送到褓姆家，但新聞屢屢報導褓姆虐嬰的消息，使得她常常心神不寧，每天從褓姆家接孩子回家後，她都得檢查孩子身上有沒有瘀青或傷口。

她的工作得輪假日班，先生的工作也得輪班，如果兩人都輪到假日班，孩子就得交給婆婆帶（褓姆假日也休假），但往往把孩子交給婆婆之後，她下班回家時，婆婆都會板著一張臉，說：「帶你兒子一整天，我眞的快累死了，原本週日可以好好休息的，被你們搞得不只不能休息，還更累。你們啊！不要只會生，不會養。我能不能拜託妳假日盡量不要輪班？孩子盡可能自己帶！」

婆婆的話給了她很大的壓力，她因此非常焦慮，她曾問先生她能不能辭職，當家庭主婦，自己帶孩子，但先生說他們的經濟狀況不允許，她因此只能繼續工作，又因爲婆婆老是抱怨，使得她每個月排班都非常緊張，唯恐又跟先生排到同一個假日班，又得把孩子交給婆婆，而後又得看婆婆的臭臉。

後來我聽這位女性朋友談起婚姻生活，她總是說：「如果人生可以重新選擇，我絕對不會結婚，也不會生小孩。想想自己一個人的生活多自在啊！我爲什麼要走進婚姻，受婚姻的折磨呢？」

這位女性朋友婚後就像渾沌開了七竅，她理解了婚姻生活的眞實樣貌，她說早知道就不結婚，就彷彿渾沌說早知道就不要開竅。

然而，開竅眞的就是無盡的折磨嗎？人活在不看、不聽、不經驗的狀態，眞的比較快樂嗎？

當然是非也非也，我們說過，決定一個人快樂或不快樂的，不是他經歷了什麼事，而是在經歷事件時，他的解讀是什麼。如果總是用受害者的心態來解讀事件，那就人生處處都受苦，而若是用樂觀的心態來看世事，那就能常常擁有快樂的心。

就像那位因股票跌價而焦慮的個案，如果他能從這次的經驗學習到，下次要買股票時，不要再把身家全都 ALL IN 在同一支股票，那他就可以既投資股票，又不須有過多心理壓力。至於這位因婆婆抱怨帶小孩而有壓力的女性朋友，如果她能把意識的焦點放在跟孩子相處的甜蜜，將婆婆的抱怨視爲過渡期的現象，她的心情就會比較輕鬆，也比較快樂。

人的一生就是來經驗這個世界的，在經驗這個世界的同時，我們也會經歷自己的思想，以及伴隨思想而生的喜怒哀樂。要好好經歷這個世界，當然就像渾沌一樣，必須打開七竅，用五官感知這個世界，但如果不想像渾沌一樣，因感知世界而受苦，我們就必須在感覺受苦時，看見自己的思想、調整自己的思想、並翻轉自己的負面思想，這麼一來，就能以快樂的心經歷這個世界。

快樂心語

決定一個人快樂或不快樂的，不是他經歷了什麼事，而是在經歷事件時，他的解讀是什麼。

07

明生死

秦失弔唁老聃，哭三聲就離開了

老聃（老子）過世了，秦失去弔唁他，哭三聲後就離開了。

老聃的弟子看不下去，問秦失：「你不是我老師的朋友嗎？」秦失回：「是啊！」弟子又問：「既然你是老師的朋友，為什麼弔唁老師這麼草率敷衍？」

秦失說：「關於這件事，起先我以為老聃的弟子們以及其他弔唁的賓客都是得道的修行人，現在看來是我高估了大家。剛才我進去弔唁，看見有老年人在哭他，就好像在哭自己的兒子；有年輕人在哭他，就好像在哭自己的媽媽。他們之所以前來吊唁，一定有人是明明不想吊唁卻迫於禮俗前來弔唁的，也有人是明明不需哭泣卻矯情大哭的，這根本是悖離人情、矯揉造作。

「他們都忘了人是應自然造化而生的，該來的時候，老聃應時而生，該走的時候，老聃自然的辭世。如果明白這一切都順乎自然，就不會對老聃的去世感覺那麼哀傷，因為他是自然的解脫。我就是明白這個道理，因此弔唁老聃時，只哭了三聲，表達了朋友的情意，就自在的離開了。」

看過這個故事，我真的佩服莊子是先知，他的說法恰恰符合許多現代人的生命認知。

我行醫近三十年，在我當醫師的早期，很多人對醫學的認知，就是當一個人面臨死亡的危機時，要盡一切力量把生命搶救回來，因此醫學會盡全力搶救生命。需要搶救生命的病患，不只是心肌梗塞或中風……等急症病患，還包含癌症末期、失智症末期、腎臟病末期……等等醫學認定沉痾難起的病患。

醫學的搶救方法，除了手術與藥物之外，還包括如果無法呼吸或呼吸能力不足，就插管用呼吸器來幫病人呼吸；如果無法飲食，就插上鼻胃管來幫病人灌食……等等，使用了這些醫療方法，若再加上的合宜的翻身、拍背、被動運動……等等，病人確實有可能在疾病末期的狀態下繼續存活。我在臨床上看到某些個案，即使失去意識、關節攣縮……都還是有可能以植物人的狀態存活數年之久，還有更多人是意識清醒，但長期臥床、纏綿病榻，用醫學方法維持著生命。

醫學的確有可能讓人延年益壽，但延年益壽的結果並不見得是大家喜歡的，我聽過越來越多人說，如果自己成爲嚴重失能或失智的人，不希望再用醫學的方法延長壽命，因爲壽命是延長了，痛苦卻也隨之延長了。

這樣的想法不就是跟莊子說的一樣嗎？該來到世上的時候，順利的出生，該離開人間的時候，自然的離世，不必經歷那麼多的病痛之苦，豈不甚好？

因爲醫學的進步，人的選擇變多了，有些人願意用醫學的方法延長生命，畢竟好死不如賴活，也有些人會說，希望生命是有品質的，如果身體的狀況往下走，無法轉圜，智力或體況都已經達到生活都難以自理，或即使別人照顧也萬般艱難，希望醫學不要非搶救他們的生命不可，因為搶救下來的生命若沒品質，活著也是受苦。

然而，沒有人是石頭蹦出來的孫悟空，大家都有家人，有時在考慮自己生命最後時光的醫療問題時，家人也會有意見。比如我在臨床上曾看到一位七十多歲的男性罹患末期癌症，意識已不清醒，他的兒子為他簽署了不施行心肺復甦術（CPR）意願書，並讓他接受安寧治療。而後，住在美國的女兒回到台灣，見到爸爸在安寧病房，立即對哥哥破口大罵：「你怎麼能讓爸爸住安寧病房呢？住安寧病房就是等死，你不知道嗎？爸爸從小那麼疼你，你當然要全力搶救他，讓他活下去。你讓他接受安寧治療，不就是放棄他了嗎？」

且不說這位女兒對安寧療護的認知有所偏差，接受安寧治療並不等於放棄治療，而是另一種形式的治療。我更想表達的是，如果這位爸爸自己可以提早決定要積極治療或安寧治療，就不會造成兒女的衝突。

現代很多人都會提到自己往生之後，後事要怎麼處理（比如靈骨塔、樹葬、花葬、海葬、零葬……等等），但我認為，骨灰的葬法畢竟已是身後之事，比起身後之事，更需要決定的是怎麼面對自己生命的最後一段旅程。

應時而生，自然的辭世

我曾聽一位朋友說：「我爸上週往生，這一週來，我的內心一直都很糾結。爸爸很少生病，身體頗為硬朗，但在他往生前一週就說東西都吃不下。我要他去看醫師，他說不要，也說感覺自己生命將盡了。過了一週，他真的就辭世了。我很捨不得，想起阿姨以前身體不好，插鼻胃管灌食，還活了約十年，如果我強迫爸爸就醫，或許插鼻胃管灌食，他也能繼續活下去啊！可是我又想，這是他老人家自己的決定，我就算勉強他去醫院治療，他應該也不會去吧！所以我雖然難過、雖然糾結，也只能接受了。」

這位父親就是自己決定了臨終方式，子女也就不須置喙了。

或許就是因爲現在有越來越多人都希望決定自己的人生，基於「我的人生，我做主」的觀念，台灣於2019年開始施行〈病人自主權立法〉，這個法規主要就是要改變過往病人的醫療大多由醫師決定的狀態，而是要病人自己決定自己的治療方向，尤其是如果面臨不治之症時，自己要怎麼選擇哪一種醫療方式，面對生命的最後階段。

根據〈病人自主權立法〉，人們可以簽署〈預立醫療決定（AD）〉，所謂的〈預立醫療決定〉就是一個人可預先做決定，如果有一天，醫師判斷他是末期病人（比如末期癌症）、不可逆轉之昏迷、永久植物人、或極重度失智，當醫學已經無法轉圜他的疾病，他的生命品質也極差，並逐日走下坡時，他要不要插管，以呼吸器來幫助呼吸？要不要使用鼻胃管來管灌餵食？或要不要使用點滴輸液來補充水分？

說眞的，行醫近三十年，我眞的覺得這是非常適合現代人的善法。現代人享受進步的醫學，但醫學再怎麼進步，都不可能讓每個人健健康康，直到永遠，每個人最後都得道別人間。那麼，面對臨終時，華麗的轉身、瀟灑的離去，會不會讓此生的句點畫得更完美？這就看個人的想法。但總而言之，〈預立醫療決定〉就是在告訴大家，如果有一天你的身體走下坡，無法轉圜了，你可以決定自己要怎麼面對人生的最後階段，而不是把人生的決定權交給醫師或子女。

莊子認爲能夠好好的離開人間就是一種圓滿，因此他說老聃該來人間的時候，應時而生，該離開人間的時候，自然的辭世，如此圓滿的人生根本無需哭泣，或許還該歡慶。於莊子而言，一趟人生的旅程，在最後畫下了美好的ending，這趟旅程就是善始善終了。

快樂心語

每個人最後都得道別人間。那麼，面對臨終時，華麗的轉身、瀟灑的離去，會不會讓此生的句點畫得更完美？

秦失弔唁老聃，哭三聲就離開了

莊子的老婆去世了，莊子居然還在唱歌

莊子的老婆過世了，老朋友惠子前去祭悼莊子夫人，想不到惠子到了莊子家，居然看到莊子正在邊敲盆子邊唱歌（鼓盆而歌）。

惠子看不下去了，他唸莊子：「你老婆從年輕嫁給你，陪你到老，現在她去世了，你沒哭也就算了，竟然還敲盆子唱歌，做人不要太過分啊！」

莊子回惠子：「實情可不是你看到這樣。我老婆剛過世時，我也很難過啊！但後來我體悟到，這世間本來並沒有她這個人，也沒有她的身體與氣息。她是從無形的狀態變成有形的人，現在死去了，又回到無形的狀態，這就像春夏秋冬四時的改變而已。她已經過世了，長眠在墓穴中，我卻因傷心而大哭，這是因為我不懂這一切本來就是自然的變化啊！當我想懂這個道理後，我就不再傷心哭泣了！」

看看莊子多豁達啊！他的豁達是因爲他明白了生死的眞理，那就是「靈魂永生，肉體會殞滅，靈魂卻是永存的。」每個人來到物質世界，有生必有死，當我們的親人過世時，我們或許會因他的離開而傷心，但他並沒有消失，只是到了靈界，開始了另一段旅程。

因爲懂得這個眞理，十多年前我父親過世時，我雖然也傷心，卻不徬徨，我的心裡很踏實的相信父親只是失去肉體，靈魂依然存在，雖說我跟父親天人永隔，陰陽殊途，但彼此在靈性的層面還是互相連結的。

我們爲父親採用佛教的告別儀式，除了頌經外，也幫父親折蓮花，祝福往生的父親。在那段服喪期間，我們姊弟三人難得有機會可以有那麼多時間聚在一起。我們常常在殯儀館一起圍著方桌折蓮花，邊折蓮花邊談起往事，談到好笑的事時，忍不住都哈哈大笑了起來。

聽到我們的笑聲，坐在一旁的母親有幾次忍不住唸我們：「你們三姊弟啊！這裡可是殯儀館，你們能不能注意一下社會觀感，不要笑那麼大聲？而且你爸剛過世，你們能不能克制一下，不要哈哈大笑？」

但或許是我們的言行感染了母親，讓她也感覺安心，後來有親友來祭悼時，有時母親跟親友聊著，竟也哈哈大笑了起來。

父親的去世當然是讓我哀慟的，在火化遺體，以及告別式的過程中，我都哭得淅瀝嘩啦、涕淚縱橫，我哀慟的是父親離開了我，不過，我心裡很明白，我失去了父親，父親卻沒有失去自己，他只是從物質世界前往靈界，開啓了新的生活。

在哀慟的同時，我也祝福父親，祝福他新的旅程一切都順心快樂。

我相信在人間既善良又認眞工作的父親，到了靈界，一定會認眞面對靈界的新生活，也會繼人間之後，在靈界再創造屬於他的輝煌，

在父親方過世那時，妹妹曾問我：「將來有一天，我們一家人是不是還會在天上相聚？」

我告訴妹妹：「不用等將來，也許今晚睡著後，我們就相聚了。因爲睡眠時，我們不再完全對焦於肉體，就有可能與父親的靈體連結，於

是就可能夢見父親，在夢中團圓。」

我對妹妹說的是靈體的眞相，在父親往生之後，我有多次夢見父親，父親都以他盛年時的外貌回來，他身著光鮮亮麗的衣服，毫無病痛，談笑風生，我相信我跟父親必然是在靈的層面相會了。

就像莊子說的，人來自靈界，爲了經驗人間的生活，於是形成了物質的肉體，並以肉體體驗了童年、青年、中年、老年的生活，也可能在人生的某一階段死去。死亡並不是消失，而只是靈魂脫卸了肉體，或者也可以說，死亡就是人從一世的的肉體生活「畢業」，完成了一世人生的學習。

從親情來講，我不捨父親離開我，因此會爲了父親的去世而哭泣，然而，若從父親的角度來看，他完成一世的學習，我似乎應該跟莊子一樣，爲父親「鼓盆而歌」。

莊子的豁達不是因爲無情，而是因爲眞知，也是因爲眞情。因爲莊子洞澈了生命的眞相，因此他瀟灑不羈，也樂得爲靈魂永生的亡妻「鼓盆而歌」，將思念放在心裡，將祝福獻給靈魂遠行的妻子。

唱首歌祝福靈界的親人吧！

我是心靈老師，常常有遭遇親人亡故的朋友詢問我：「我死去的父親（母親／先生／太太／孩子）現在在哪裡？他會不會正在受苦受難？」

因爲宗教的影響，很多人都相信人死後猶存，靈魂永生，然而，也是因爲宗教或民間傳說的影響，許多人都擔心去世的親人在靈界受苦受難，譬如在靈界沒錢花、沒房子住、沒衣服穿、沒飯吃……等等。

也就因爲這樣的想法，許多人會在親人往生後，燒給親人紙紮屋、紙錢、衣服……，也會在各種節日以豐盛的菜餚祭拜親人，還有些人會委託宗教人士超渡親人，這些行爲都透露出人對靈界的無知與恐懼。

讓我告訴大家，靈界並不像人們想像的這麼可怕，可怕只是人的想像，眞實的靈界是人脫卸肉體後，另一個學習與成長的起點。靈界不會依人在世時的行爲懲罰或獎勵人，這就像一個人國小畢業後到國中就讀，國中是另一個學習與成長的起點，國中並不會依學生國小時的行爲來懲罰或獎勵他，更不會刻意讓學生受苦受難。

古人說死亡是長眠，就像莊子說亡妻長眠於墓穴，但長眠的是肉體（現代人則因遺體大多火化，也就沒有「長眠於地下」之說了），而不是靈體，靈體可是很忙的，在結束肉體的一生後，要開始習慣靈界的生活，靈界有許多不同於物質世界的事要適應與學習，因此靈體也在學習與成長。

如果你曾經經歷親人的去世，親人去世之後，你並不需要擔心靈界的親人，因爲靈界的親人正在學習靈界的生活。不過，我知道你還是會思念已經往生的親人，那麼，思念親人時，你可以做什麼呢？

我會建議你，學習莊子，鼓盆而歌，唱首歌祝福靈界的親人吧！已故的親人在靈界，而你們在靈的層面是相連結的。你的祝福將隨著你的歌聲送到親人心裡，你們彼此都將因此而有更深的連結與感動，也將感受彼此最深的愛。

快樂心語

死亡並不是消失，而只是靈魂脫卸了肉體，或者也可以說，死亡就是人從一世的的肉體生活「畢業」，完成了一世人生的學習。

莊子的老婆去世了，莊子居然還在唱歌

被鳥吃比較好？還是被蟲吃比較好？

莊子臨死之時，弟子們提到將來想厚葬他。莊子說：「我死去之後，就讓我以天地為棺槨（把我的遺體放在大自然），至於陪葬品，我會以日月為美玉、星辰為珠寶、天地萬物也都在我身邊，這些都是我的陪葬品，這樣就是最隆重的厚葬了吧？你們還能想出更隆重的厚葬嗎？」

弟子說：「如果這樣，我們擔心老鷹烏鴉會來吃掉老師的遺體。」

莊子笑笑，說：「這樣的話我確實可能被老鷹烏鴉吃掉，不過，如果把我埋進土裡，也可能被螻蟻蟲子吃掉，你們想把老鷹烏鴉的食物搶過來給螻蟻蟲子吃，這樣不太公平喔！」

我曾聽很多朋友談起生前要交代的身後之事，人們會想交代的後事之一，就是要用哪種方式處理遺體，比如很多朋友會說：「我去世後要樹葬（或花葬、海葬……）。」

我可不曾聽誰像莊子這麼說，莊子的意思是，那就把我擺在荒郊野外，讓大自然來處理我的遺體吧！

莊子真的是看透了生死，對於自己的身後之事，也超乎常人的豁達。

自古以來，人們大多認爲死後必須好好安置遺體，靈魂才能平安。

在講究「入土爲安」的古代，人們非常重視墓葬，古人除了會尋找風水寶地安葬遺體外，也會以珍貴的陪葬品伴隨遺體入土，帝王公侯的墳墓尤其奢華。帝王公侯的墳墓往往有著寬廣豪華的地宮，地宮中大多有著華麗的壁畫及雕飾，還有大量的玉器、青銅器、陶器……等等精美的陪葬品。

對於古代的帝王公侯來說，地宮就是死後靈魂的家，因此他們從生前就會幫自己蓋死後的家，這就是陰宅。帝王公侯們期望自己死後的靈魂還能像生前那般，住在豪華的大宮殿裡，享有生前的榮華富貴，比如漢武帝的墳墓茂陵就蓋了五十三年，從漢武帝登基當皇帝的第二年開始，就開始幫自己蓋死後的宮殿，耗費無數人力財力，期盼的就是自己死後的靈魂可以住進大豪宅。

在世的時間是短暫的，死後的時間則可能是永恆的，因此死後靈魂的家當然要盡可能的豪華。古代的帝王都非常重視死後的陵寢，甚至勝於生前的宮殿。帝王們希望死後的靈魂也能長長久久擁有帝王的氣派，享受帝王的富貴榮華。

莊子的弟子所說的「厚葬」就是奢華的墳墓與豐厚的陪葬，當然，普通平民百姓可沒有財力進行帝王公侯等級的厚葬，但還是可以使用高級一點的棺槨，葬在風水寶地，以及用精美的冥器陪葬，讓往生者的靈魂也能過著豐裕的好日子。

但莊子顯然不吃這套，因爲莊子明白死後的世界跟遺體與墳墓都無關，死後的靈魂已經前往靈界，墳墓是屬於物質世界的，陰陽兩界殊途，就像人不會以肉體的形式進入靈界的天堂，死後的靈魂也不可能住在物質世界的墳墓，因此墳墓再怎麼奢華、棺槨再怎麼高級、陪葬品再怎麼豐厚，都與靈魂無關。

莊子明白陰陽殊途的道理，因此他根本不需要厚葬，甚至連入土下葬都不需要，莊子的原則就是「簡單就好！」故而他可以豁達地說：「把我的遺體擺在大自然就好了！」

莊子的弟子顯然認爲把老師「曝屍荒野」實在太糟糕，但莊子瀟灑地說：「曝屍荒野跟藏屍地下，哪個比較高級？遺體放在大自然被鳥吃，埋在土裡被蟲吃，你們覺得被鳥吃比較高級？還是被蟲吃比較高級？」

看到這裡，相信很多讀者都會跟我一樣，莞爾一笑。

洞悉生死眞相，不執著身後之事

遺體是屬於物質世界的，當一個人死去之後，靈魂前往靈界，遺體則留存在物質世界，陰陽兩隔，兩者之間也就沒有關係了。身體是靈魂爲了體驗人間而穿上的衣服，當人死亡之後，靈魂脫卸了身體，這一件名爲身體的衣服也就跟靈魂脫離了關係，因此，於靈魂而言，遺體怎麼處理眞的毫不重要。

處在有錢人追求厚葬，沒錢的人也期待入土爲安的時代，莊子的思想可說超越了時代，他洞悉了生死的眞相，不執著於身後之事，對於生死非常自在。

現代跟古代則是不同的，身爲現代人，卽使像莊子這麼豁達，也不可能把遺體擺放在大自然，當眞這樣做大概會造成社會大驚悚，警察也會找上門。

關於遺體的處理與埋葬，現代除了傳統的土葬，以及遺體火化後，將骨灰放入骨灰罈，安置於靈骨塔之外，還有各種「環保葬」，包含將骨灰埋在公墓樹木根部，或在骨灰埋藏之處種樹的「樹葬」、在骨灰埋藏之處種花的「花葬」、將骨灰撒在政府指定地點花草之中的「植葬」，將骨灰拋入海中的「海葬」、以及將骨灰撒在公墓中的「灑葬」。「環保葬」跟土葬或安置於靈骨塔的不同之處，就在於沒有墳墓或塔位可以讓後代追思憑弔先人，「海葬」尤其是顛覆了古人的「入土爲安」觀念。

至於環保葬跟土葬及安奉靈骨塔的共同之處，就是都有正式的儀式來告別去世之人。

然而，告別的儀式又是絕對需要的嗎？

據聞目前日本又有一種新的遺體處理方法，那就是「零葬」。

所謂的「零葬」，就是一個人過世，遺體火化後，不辦葬禮、不留骨灰、不要墓地祭拜，也就是遺體送火葬場火化後，骨灰不領回，交由火葬場處理，後續也沒有告別式及葬禮等儀式，人就悄悄地歸零了，因此稱爲「零葬」。

人們往往講求「儀式感」，比如公司來了新人，要辦「迎新聚會」；舊同事要離職了，要辦「送舊聚會」；「生日」，要吃蛋糕、許願，收禮物；「農曆過年」，要到廟裡祈福，點光明燈……，這些活動或行爲都能讓人內心產生「儀式感」，對於某些人來說，有了「儀式感」，心裡才會踏實。

面對親人的死亡，很多人也需要「儀式感」，告別式與葬禮能滿足許多人的「儀式感」，很多人都必須經由告別式與葬禮等儀式，才能打從心裡眞正送別了亡故的親人或朋友。「零葬」則是連告別式與葬禮都不辦，人死之後就悄悄歸零，這應該是顚覆了很多人的認知。

我常在想，如果莊子生活在現代，關於身後之事，觀念新穎又自在的他，理當不會選擇土葬或安奉於靈骨塔。那麼，既看透了生死的眞相，性格又瀟灑浪漫的莊子，會希望用哪一種方式處理他的遺體呢？他會喜歡骨灰葬在樹下花下？隨風飛揚？融進大海？還是悄悄歸零呢？

喜愛莊子的各位讀者，要不要也來猜一猜？

被鳥吃比較好？還是被蟲吃比較好？

快樂心語

身體是靈魂為了體驗人間而穿上的衣服，當人死亡之後，靈魂脫卸了身體，這一件名為身體的衣服也就跟靈魂脫離了關係，因此，於靈魂而言，遺體怎麼處理真的毫不重要。

當年的我怎會爲了要嫁人而哭泣呢？

莊子說過一個寓言故事：

有位叫驪姬的美女，是艾地守邊境者的女兒，被許配給晉國的晉獻公。

出嫁前，驪姬對於出嫁感到非常害怕，她哭得一把鼻涕一把眼淚，一直跟父母說：「我不要嫁人啦！」

等到出嫁之後，驪姬住進晉獻公的宮殿，睡在高級大床上，享受著宮廷美食。回憶起出嫁前的擔心，她心想：「原來出嫁後的生活這麼好，當年的我真是白哭了。」

莊子說，擔心死後世界的人，等到死去之後，或許會跟驪姬一樣，心想：「死後的世界這麼美好，生前的我到底在擔心什麼？」

身爲西醫師與心靈老師，我常聽朋友說起諸如此類的煩惱：「我媽媽上個月往生了，現在不知道是不是在地獄受苦？」、「我爸爸前天過世了，沒有宗教信仰的他，不知道會不會有守護靈來照顧他、接引他？他會不會在靈界不知所措？」、「我有個朋友生前很愛吃牛肉，宗教說殺生會造業，不知道他在靈界會不會受業報之苦？」、「我去世的媽媽昨天托夢告訴我，說她在陰間很冷，我該怎麼辦？」

聽聞這些朋友的問話，就知道他們對死後世界的認知都是陰暗、可怕、恐怖的。

不過，也不是每個人對於死後世界的認知都那麼負面，比如有些人在伴侶去世後會說：「他先去好命了」、「先去先好命」，也有人在父母親往生後會說：「我爸回天國了。」、「我奶奶現在在菩薩身邊。」、「我爺爺現在是天上的一顆小星星。」、「我媽媽現在跟我爸爸在天上相會了，她一定很快樂。」

可見對於死後世界的認知人人都不一樣，又因爲對於死後世界的認知不同，有些人認爲死後的世界很恐怖，有些人則認爲死後的世界很平安。

心安的你將能生活得更快樂

關於死後世界的認知，莊子向來都是正向樂觀的，他認爲死後的世界是平安、快樂又自由的，因此，對於怕死的人，他會告訴他們：「別怕死，等你死了，你就會發現死後的世界比生前還美好，生前的擔心都是多餘的。」

莊子告訴大家死後的世界很美好，除了要讓大家對於生死之事安心外，更是要大家好好的活，不要把能量耗費在無謂的死亡焦慮上。

不過，人們對死亡的焦慮並不是古人喜歡胡思亂想，而是自古以來，人們常常傳說死後的世界很可怕，尤其強調做壞事的人死後都會受到殘酷的懲罰，恐怖的懲罰情境還常被描述得繪聲繪影，彷彿說的人都是親歷過一樣，難怪聽聞的人都會對死後的世界充滿恐懼。

不同的民族對於死後的世界還都有其各自不同的想像，如果把不同民族對於死後世界的恐怖想像都放在一起，簡直可說是「死後世界恐怖博覽會」。

以埃及的死後世界傳說爲例吧！根據埃及神話的說法，人死之後會來到一個稱爲「死者之地」的地方，這就是靈界。

來到「死者之地」後，死者的心臟會被放在靈界的天平上，與眞理女神瑪特（Ma'at）的羽毛相比較，如果心臟比羽毛更重，就是代表死者生前有過罪惡或不道德的行爲，這樣的靈魂將被怪物阿米特（Ammit）吃掉，而若是心臟比羽毛輕，就代表死者生前多行好事，故而靈魂也是純潔的，這樣的靈魂將會前往來世的幸福之地。

中國的死後世界傳說則跟埃及不同，中國傳統說法是人死之後來到陰間，會被十殿閻羅審判，如果生前做了壞事，閻羅王會依其生前的做爲，判他在地獄受拔舌頭、上刀山、下油鍋……等刑罰之苦。

不同的民族與宗教有各自不同的死後世界傳說，而雖然傳說的內容各有不同，但都有以下幾條共同的原則：

1. 人死之後靈魂會受到靈界仲裁者的審判，審判後好人上天堂，壞人下地獄。
2. 傳說中的天堂大多描述得很粗糙，不外是可以住在很美的建築物中，享用美食、穿著華服，不用工作，在仙界到處玩，或是位列仙班，從事仙界工作，但具體內容爲何，大多沒有詳說。
3. 傳說中的地獄則大多描述得非常細膩且恐怖，比如被怪物吃掉、上刀山、下油鍋、被大石頭壓、被拔舌頭……等等，恐怖的內容大多描述得很細膩。
4. 最後一點，也是最重要的一點，就是不論哪個民族的傳說，都不會明確定義什麼是好人？什麼是壞人？怎樣叫做好事？怎樣又叫做壞事？因此沒有人知道誰可以上天堂，誰又會下地獄。這就是要大家自由心證並自我警惕，不要做違背良心的壞事，做了壞事或許可以逃避法律的制裁，但絕對逃不過死後的審判，也逃不過地獄的懲罰。如果不想下地獄，千萬別做壞事。

雖說審判之後會將亡靈分配到天堂或地獄，但「天堂」並不是死後世界傳說的核心思想。大多數民族的死後世界傳說，核心幾乎都在「審判」、「懲罰」與「地獄」。人們若是相信死後世界的傳說，也就是相信審判、懲罰與地獄，就很可能對死後的世界充滿恐懼，因爲人無完人，每個人難免都會認爲自己曾經做錯了某些事、傷害過某些人、辜負過某些人（「錯」的定義則因人而異，有些人連曾經吃肉都認爲自己做過錯事），而既然生前做過錯事、壞事，那麼，死後當然會受到懲罰，甚至到地獄受苦，因此，死後的世界當然是恐怖的。

那麼，你會不會相信這些傳說呢？以我而言，我是不相信啦！每個民族與宗教都有不同的審判、天堂、地獄與說法，我可不相信審判、天堂、地獄會配合各民族或宗教「量身打造」。我認爲這些不同的傳說是來自各民族先民們的想像，而先民們之所以要想像與創造「恐怖死後世界的傳說」，目的就是爲了勸導大家不要做壞事、不要傷害別人。單是勸導不要做壞事或許力道不足，於是先民們就編故事，告訴大家做壞事的人死後會受到殘酷的懲罰，又因爲死後的眞實狀況沒人知曉也無法驗證，人們因此害怕眞有其事，於是就可能約束自己的言行，不要做壞事，也不要傷害別人。

死後世界的恐怖之說原本是先民們用來恫嚇人們別做壞事的，卻造成了大家的驚懼，許多人也就眞的害怕死後的世界了。

那麼，死後的世界眞有那麼恐怖嗎？莊子告訴你：「非也非也，死後的世界是非常美好的。」我也會告訴你，我相信莊子說的是眞的，那些嚇人的死後傳說都是古人編出來的，請你把嚇人的傳說都從腦海中丟掉吧！就像莊子說的，死後的世界是非常美好的（我會在下一篇文章說明），相信死去的親人朋友都已經前去平安、快樂又自由的靈界，你會對親人朋友都心安，也會對自己更心安，心安的你將能生活得更快樂。

當年的我怎會爲了要嫁人而哭泣呢？

快樂心語

莊子告訴大家死後的世界很美好，除了要讓大家對於生死之事安心外，更是要大家好好的活，不要把能量耗費在無謂的死亡焦慮上。

我才不要回人間

某一天，莊子在路上看到一個骷髏頭。當天晚上，他夢見了那個骷髏頭，骷髏頭問莊子：「你想聽聽死後有多快樂嗎？」

莊子點點頭，說：「我要聽。」

骷髏頭告訴他：「人死之後，既沒有在上的君王，也沒有在下的臣子，無拘無束。靈界沒有春夏秋冬四季，靈體沒有人間的年齡，靈魂永生，跟天地同壽，就算當君王也沒這麼快樂。」

莊子說：「那麼，如果我請神明幫你回復身體，讓你回到故里，跟家人住在一起，你願意嗎？」

骷髏頭皺著眉說：「別開玩笑了，我怎會願意拋下勝於君王的快樂，再回去辛苦的做人呢？」

身爲西醫師，我常聽病患及朋友談起「身體焦慮」及「死亡焦慮」，比如：「我昨天摸到脖子有兩顆東西，這該不會是癌症吧？我是不是不久於人世了？」、「我前幾天做胃鏡，醫師說我的胃有息肉，已經幫我切除並切片做化驗了，這幾天我都睡不好，怕化驗出來是癌症。」、「我聽聞某個名人因主動脈剝離猝逝，我有時背後也有點痛，我很擔心我是不是也主動脈剝離？」

說來「身體焦慮」與「死亡焦慮」並不見得是壞事，因爲適度的身體焦慮可以促使人養生，適度的死亡焦慮則可以使人珍愛生命。不過，過度的身體焦慮與死亡焦慮就不是好事了，因爲那會使人惶恐。

所謂的過度死亡焦慮，大多不只是害怕死亡，而更是害怕死後的世界。

自古以來，人們往往把死後的世界說得很恐怖，導致很多人都把死亡跟恐怖畫上等號，彷彿人死之後，迎接靈體的就是恐怖的死後世界。

然而，這是眞相嗎？莊子告訴大家：「NO！NO！NO！這不是實情，完全是人們散布的謠言、假消息。」

「怕死」的想法自古有之，在莊子所處的戰國時代，相信很多人都既怕死，也害怕傳說中的死後世界，因此莊子才會大力「闢謠」，他曾以麗姬的故事爲例，說麗姬不敢嫁人，出嫁前哭得一把鼻涕一把眼淚，出嫁後才發現婚姻生活一片美好，出嫁前的擔心都是多餘的。莊子說，生前擔心死後，就像麗姬擔心出嫁一樣，一個擔心死後世界的人，等他死去之後，就會發現死後的世界一片美好，生前都白擔心了。

莊子還說了一個「與骷髏對話」的寓言故事，在這篇故事中，骷髏對莊子說，死後的世界比當君王還快樂，莊子問骷髏，那如果讓他死而復生，他願不願意？骷髏說：「休想，我怎麼可能願意拋下勝於君王的快樂，再回去辛苦地當人呢？」

莊子的說法可以讓擔心死後世界的人安心。

然而，莊子的說法究竟是空口說白話，純粹安撫人心？還是有所本，道出了實情呢？

那就讓我來告訴大家，莊子的話可不是空中樓閣，胡亂唬人的。

好好活在當下，經驗活著的人生

關於死後的世界，可以參考《死後的世界》（Life After Life：中文由商周出版社出版）一書，這本書的作者是美國醫學博士雷蒙．穆迪（Raymond A. Moody）。雷蒙．穆迪是研究瀕死經驗的專家，他歸納了大約一百五十位個案的瀕死經驗，在這些個案中，有些是被醫師宣告死亡後，再因急救或其他方式而復活的人，有些是在重大意外傷害中差點死去的人，還有些人是在臨終時說出自己經歷的現象。雷蒙．穆迪發現，大多數個案的瀕死經驗都有雷同之處。

多位個案都談到，他們在靈魂離體時感受到平安與寧靜，比如有人在頭部重創，被宣佈死亡又回復生命徵象後，說起受傷之後靈魂離體，他說離體之後，原本身體的疼痛感覺卽消失，而後他感受到的是無量的輕鬆、溫暖與自在，那是非常美好的感覺。

還有多位個案談起靈魂離體時的經驗，提到他們發現自己離開了身體，飄浮在空中，看著自己仍躺在床上的身體，內心的感覺是寧靜而祥和的。個案們大多說，離開了肉體，還是有另一個身體，這個新的身體（靈體）彷彿是一團雲或霧，或是無法形容的虛無縹緲感，靈體感受到的是飄浮、無重量、漂流的感覺。

從肉體轉變成靈體之後，多位個案都說他們看到一道非常亮的白光，這道光一開始很微弱，後來就越來越亮。而這道光雖然亮，卻不會刺眼，也不會炫目，不會讓人看不清身邊的事物。有些人認爲這道光來自「光的使者」，比如基督徒認爲光來自基督，佛教徒則認爲光來自阿彌陀佛或西方三聖。靈體會自然的朝著光走去，沐浴在光中，靈體會感受到平安與幸福。

書中歸納的經驗都是個案親身實證的瀕死經驗回憶，所有人的經驗都像莊子說的，死後的世界比活著時還快樂，可知人完全不必在活著時擔心死去，更不須擔心死後的世界有多恐怖。

告訴大家死後世界的平安快樂，並不是要大家期待死亡來臨，而是要大家放下身體焦慮與死亡焦慮，好好活在當下，經驗活著的人生。

相信很多人都跟我一樣，從小就聽過許多關於死後世界的傳說吧！比如華人傳統說法，人死之後要先過鬼門關，接著再走黃泉路，而後來到忘川，忘川是靈界的一條大川，不想接受死亡的亡靈都會被推入忘川，溺水受苦。

忘川上有一條橋叫奈何橋，奈何橋上有個望鄉台，從望鄉台回頭看，就是看了人間最後一眼，也就是告別了前世。

望鄉台的對面有個亭子叫孟婆亭，孟婆會給每個亡靈一碗湯，這碗湯就是孟婆湯，喝下孟婆湯會忘了生前的一切，於是這一世就完全被遺忘，也就準備開始下一世了。

這個版本的死後世界大概在華人世界流傳了千餘年，說得煞有其事，但這故事跟閻羅王審判生前功過顯然是邏輯矛盾，前後兜不攏的，因爲如果喝了孟婆湯忘了生前的一切，亡靈就個個都罹患了失憶症，閻羅王也就無從審起了。從靈界故事的矛盾錯亂就可知道這些傳說都是編出來的，不足爲信，茶餘飯後當民間故事聊聊還可以，視爲靈界的眞相就大可不必了。

大多數死後世界的傳說都像孟婆湯這樣，只是古人的想像，因此如果你曾聽過關於死後世界的恐怖傳說，並烙印在記憶中，我會建議你，把你的記憶慢慢丟掉吧！那都是古人編的故事。我不相信這些傳說，而會更相信雷蒙．穆迪從眞人實事歸納出來的死後世界，也相信充滿愛與光的世界才是靈魂離體後的眞實世界。

如果你也相信死後的世界滿盈愛與光，你就可以跟莊子一樣，放下對死亡與死後世界的焦慮，好好活在當下，活出精采的人生！

快樂心語

說來「身體焦慮」與「死亡焦慮」並不見得是壞事，因為適度的身體焦慮可以促使人養生，適度的死亡焦慮則可以使人珍愛生命。

後記：一起來跟莊子逍遙遊

我從小就喜歡《莊子》，在中學繁重的課業下，閱讀《莊子》，徜徉在《莊子》恬淡的風格中，可以讓我拋下壓力，忘卻煩惱。

然而，從前的我並不是眞的那麼懂《莊子》，少年時代的我常常分不清，莊子說的寓言故事，哪些是眞的？哪些是想像的？

比如少年時的我曾經以爲，莊子說的很大隻的魚──「鯤」，以及很大隻的鳥──「鵬」，難道是指恐龍時代的巨大生物，莫非莊子穿越古今，去過恐龍時代？

此外，從前的我也以爲莊子說的「庖丁解牛」是眞的，因此在醫學院時，我曾經想過，如果將來我有機會成爲外科醫師，當我要爲病患開刀時，一定要學莊子說的庖丁，讓刀遊走在病患骨頭的間隙中，這麼一來，我就可以在不造成病患太多傷害下，漂亮的爲病患完成手術。

而當我在靜坐時，我也會想，如果可以好好修練，會不會有朝一日就能像莊子說的姑射山上的神人，天降大雨淹不到我，酷暑之天也熱不到我，我將彷彿練成了武俠小說中的金鐘罩、鐵布衫，刀槍不入，水火不侵？

近二十年來，我成爲心靈老師，讀過無數心靈書籍，也無數次重複閱讀《莊子》。我不斷提升自己的心靈層次，也養成了靜心（莊子說的「心齋」）的習慣。隨著我自己靈性層次的提昇，在一次又一次閱讀莊子時，我越來越發現，莊子說的許多故事，都不是在說物質世界的眞人實事，他眞正說的是心靈層次的寓言，只是用物質世界的人與物來做比喻。

這眞的是一樣走在心靈道路上的人才懂啊！我很歡喜在心靈成長的道路上，我與莊子越來越貼近，也越來越明白莊子眞正要說的話。

《莊子》的每則故事都有心靈上的深層寓意，如果只把它當成一個普通的故事來讀，那就只是讀到莊子的皮，而沒讀到他的肉、他的骨。

比如「庖丁解牛」的故事，在我懂得莊子後，我就明白了，莊子說的根本不是殺牛，更無關我想的開刀，莊子是在告訴我們，如果要改變一個人的行爲，就必須從他的心靈來改變，改變心靈，就像拿刀在牛的骨頭間隙遊走一樣，解開間隙，骨頭就自然解開了，意思就是說，心靈改變，人的言行也就隨之改變了。

莊子說的從來就不是牛，他說的是人，人的心靈。

至於姑射山仙人的水火不侵，他的眞意是人經過修練之後，就不會再輕易因他人的言語而受傷。而所謂的大魚「鯤」與大鳥「鵬」，他的眞意也不是魚跟鳥，而是在說人經過修練之後，內心無比恢弘、視野無比寬廣。

我相信若能懂得《莊子》的眞諦，一定能更開闊自己的人生，因此在我悟得莊子的內在涵義之後，我寫了這本書，希望帶領大家都來認識《莊子》的眞實世界。

這本書的原文翻譯，我參考的是三民書局出版，水渭松注譯的《新譯莊子本意》，以及布拉格出版，俞婉君譯注的《莊子全書》，兩本書的譯筆都很精確優美，在此致上感謝。

而此書之所以能順利出版，要特別感謝陳俐安小姐領導的芯樂出版社編輯團隊，謝謝陳俐安小姐的鼓勵及精心編輯，也謝謝青年設計師崔皓鈞的美編，讓這本書成爲一本精美的作品。

最後，要謝謝每一位閱讀這本書的讀者們，謝謝你們，也祝福你們讀過這本書後，都能成爲展翅翱翔的「鵬」，一起來跟莊子逍遙遊，一起飛向心靈的天際，成爲最自由、也最快樂的自己！

莊子快樂學

莊子與心靈成長的快樂相遇

作者　王怡仁

編輯　陳俐安
校稿　王若瑜
行銷　柯冠羽
設計　崔皓鈞
出版　芯樂有限公司
台中市沙鹿區北勢東路 537 巷 1 號 1 樓
04 2652 6662
印刷　中原造像股份有限公司
經銷　聯合發行股份有限公司

初版一刷　2025 年 3 月
初版二刷　2025 年 4 月
定價　380 元
ISBN　978-626-99514-0-6

國家圖書館出版品預行編目資料

莊子快樂學：莊子與心靈成長的快樂相遇 = Learning happiness the Zhuangzi way/ 王怡仁著 . — 初版 . — 臺中市：芯樂有限公司 , 2025.03
面；　公分
ISBN 978-626-99514-0-6（平裝）

---

1. 人生哲學

191.9　　114001711